물류 로지스틱스 에센스

문근찬 저

한티미디어

머리글

로지스틱스(물류)란 재화를 공급자로부터 고객에 이르기까지 이동시키는 것과 관련된 흐름과 저장을 효과적으로 계획·수행·통제하는 과정이다. 오늘날 로지스틱스는 생산라인의 생산물류와 원재료의 조달물류, 글로벌 교역, 그리고 상품을 소비자에게 전달하는 유통까지를 포괄한다.

이 책은 물류와 로지스틱스 전반에 걸친 지식을 다루며, 구체적으로 로지스틱스와 공급체인 전략, 주문관리, 로시스틱스 능력계획과 수요 관리, 공급망소요계획과 조달, 물류 재고관리, 창고설계와 창고관리, 수송모드의 선택과 관리, 글로벌 물류, 로지스틱스 네트워크 설계, 역물류 등 총 13장으로 구성되어 있다. 전체 내용의 흐름은 다음과 같다.

로지스틱스와 공급체인 개요 - 여기서는 로지스틱스 전략과 이를 수행하는 데 따르는 트레이드오프 관계를 전략적, 전체 시스템적 관점에서 살펴본다.

능력계획과 수요관리 - 로지스틱스 능력의 계획은 수요예측에 의존하므로, 우선 예측에 관한 개념을 이해하는 것이 중요하다. 수요 예측을 통해 로지스틱스는 우선순위에 맞는 능력 계획을 수립할 수 있다. 또한 여기서는 수요의 관리, 소싱과 조달 업무를 알아볼 것이다.

주문 관리 - 로지스틱스 업무의 핵심 중에는 고객의 오더(주문)가 있고, 오더로부터 로지스틱스는 움직이기 시작한다. 주문관리는 고객의 오더에 대응한 계획, 설계, 통제 업무를 다룬다.
주문관리의 핵심에는 고객과의 장기적인 관계관리가 있다. 고객이 오더를 충족하기 위해서는 구매, 조달관리, 오더 가시성의 관리, 그리고 고객 서비스에 대한 관리가 포함된다.

재고관리와 창고관리 - 재고 및 창고관리는 고객 오더에 관한 수요와 공급에 부응하기 위해 적절히 재고의 수준을 유지하는 일, 그리고 효율적이고 안전한 보관을 위한 창고 업무의 관리를 포함한다. 여기에는 추가적으로 로지스틱스에서의 재고관리, 재고 통제방법, 창고 전략과 관리, 포장과 물자 핸들링 업무가 포함된다.

수송 - 수송은 상품을 국내외를 포함하여 지리적으로 이동함으로써 고객의 수요에 부응하는 기능이다. 로지스틱스 관리자는 생산지에서부터 고객의 위치까지 적절한 수송 모드를 선택하여 상품을 전달해야 한다. 여기서는 수송의 개요, 도로, 항공, 해운을 포함한 수송 모드의 관리, 그리고 수송 관리 전반에 관해 다룬다.

글로벌 로지스틱스 - 오늘날 자유경제는 글로벌 교역을 통해 영위되고 있다. 로지스틱스 관리자는 국제 교역에 관한 구조와 시스템, 규정, 필요한 서류, 계약과 지급 방법에 대해 알고 있어야 한다.

로지스틱스 네트워크 설계 - 공급체인 내에 물류 창고를 어떻게 배치하고 수송 체계를 갖추느냐의 문제는 장기적이고 전략적인 의사결정에 속한다. 창고 등 시설의 적정한 수와 위치, 그리고 창고의 유형을 결정함으로써 신뢰성이 높은 로지스틱스 구조를 만들 수 있다. 그밖에 여기서는 시설의 계획, 유통 네트워크의 설계 방법을 다룬다.

역물류와 지속성의 관리 - 로지스틱스는 다양한 이유로 상품을 반품시켜야 하는 일이 발생한다. 역물류의 설계와 관리는 회사의 수익성과 경쟁우위에 영향을 미치며, 환경 등 회사의 사회적 책임과도 관련된다. 로지스틱스를 통하여 책임 있고 환경친화적인 기업으로서의 평판을 갖게 하고, 사업의 사회적 책임과 지속가능성을 공고히 할 수 있다.

로지스틱스는 기업 경쟁력에 미치는 영향이 클 뿐 아니라, 그 개선 효과가 커서 새로운 이윤의 원천으로 인식되고 있다. 더욱이 오늘날의 로지스틱스는 공급체인관리(supply chain

management) 개념으로 확장되어, 네트워크 내 공급자, 제조기업, 판매자가 전략적인 관계로 연결되는 파트너십을 강조한다.
이 책은 물류/로지스틱스 분야를 총망라하여 에센스를 정리했기 때문에, 독자 여러분은 이 책을 통해 물류/로지스틱스 분야의 핵심을 폭넓게 이해하고, 실무의 개선점을 찾을 수 있을 것이다.
또한 물류/로지스틱스 분야의 국제 인증을 준비하는 독자에게는 전문 영역의 전체 범위를 단기간에 정리하는 데에도 이 책이 유용할 것으로 기대한다.

문근찬

목차

제 1 장 로지스틱스와 공급체인 기초

학습목표

1. 로지스틱스란 무엇인지 설명할 수 있다.
2. 공급체인관리(supply chain management)와 로지스틱스의 관점 차이에 대해 설명할 수 있다.
3. 로지스틱스 원가산정에 대해 설명할 수 있다.

로지스틱스 소개

로지스틱스란 무엇인가?

로지스틱스(logistics, 물류)란 물품의 흐름에 관한 경제활동으로서 시간, 공간 그리고 일부 형질변경(유통가공)을 통한 효율 창출이 주된 임무이며, 생산된 재화를 소비자에게 이동시키는 과정과 관련된 운송(정방향/역방향), 보관, 하역, 포장 및 이들 활동을 지원하는 정보처리의 계획, 집행 및 통제를 하는 제 기능이다. 역사적으로, 물적유통(physical distribution)에서 로지스틱스(logistics)로, 그리고 다시 공급체인관리(supply chain management: SCM)로 물류의 명칭이 변천했다.

로지스틱스(logistics)는 원래 군사용어로 사용되어 왔으나, 이제는 광의의 물류활동을 지칭하는 용어로 사용되면서, 제품생산을 위한 원재료의 조달과 생산, 유통물류, 그리고 반품, 회수, 폐기 물류를 포괄하는 기능으로 확장되었다. 로지스틱스의 범위를 명확하게 알려면 다음 식을 참조하면 좋을 것이다.

로지스틱스 = 물적 공급 + 자재관리(생산) + 물적 유통

이와 같은 영역의 업무를 수행함에 있어서 물류는 고객의 요구를 효과적으로 충족하는 것을 목표로 한다. 즉 물류 관리자는 고객 가치를 유지하면서도 전체 원가를 최적화하는 전체 시스템적 관점을 가져야 한다.

오늘날 로지스틱스는 어느 한 회사의 관점이 아니라 공급자와 판매자를 연결한 전체 공급체인 내 파트너 간의 협력을 통한 경쟁력 강화를 모색하는 것을 강조하면서 공급체인관리(supply chain management: SCM)라는 용어가 더 자주 쓰이고 있다.

로지스틱스 업무의 통합

전통적으로 기업 내 물류 기능은 "창고 업무, 수송, 수입 수출, 포장, 자재 취급, 재고 관리, 주문 관리, 물류 정보 시스템, 고객 서비스 관리" 등의 업무를 담당하는 부서들로 이루어져 있다. 1960년대까지는 이들 업무가 각기 독립적으로 여겨졌다. 당시 물류 기능은 "수요예측, 구매, 자재소요계획(MRP), 생산계획, 생산재고 관리, 창고관리, 자재 처리, 산업 포장, 완제품 재고관리, 유통망 소요계획(DRP), 주문 처리, 운송, 고객 서비스 관리"와 같은 잘게 세분화 된 업무의 조합으로 여겨졌다. 그러나 그

후 물류의 각 기능이 서로 상충관계로 엮여 있는 것을 이해하게 되어 인바운드, 생산, 아웃바운드 물류가 점차 통합 조정되는 방향으로 발전하면서, 오늘날 공급체인관리(SCM) 관점이 통용되고 있다. 특히 공급체인관리라는 용어는 공급망과 유통망에 있는 다른 기업과의 협력까지를 고려하는 점이 강조되는데, 이를 위해 전통적인 물류 기능 외에 "전략적 계획수립, 초고도 통합 정보시스템, 수요관리, 공급자 관계 관리와 고객 관계관리" 등의 기능이 포함되었다.

로지스틱스 이슈의 진화

물류가 경영의 관심사가 된 것은 1970, 80년대 이후, 경영환경이 다품종 소량, 고객 중심으로 변화하면서부터이다. 로지스틱스는 연대 별로 다음과 같은 이슈를 가지고 발전해 오고 있다.

- 1970 년대: 창고, 수송, 재고, 주문관리, 자재 처리와 포장 업무 기능이 서로 연결되어 있음은 인식했으나, 어떤 상충관계가 있는지에 대해서는 너무 복잡하게 생각되었다. 소매상과 소비자의 권력 커지면서 Outbound 물류관리자의 필요성을 이해하게 되었다.

- 1980 년대: 재고 및 유통 원가의 이해, 물류기능의 Outsourcing 과 제 3 자물류(3PL)의 필요성 인식, 수송 규제 완화 등이 이슈가 되었다.

- 1990 년대: 여전히 주문 사이클 타임이 길어서 곤란을 느끼면서, 채찍 현상(bullwhip effect)의 발견과 이슈화로 공급체인관리(SCM) 용어가 확산되었다.

- 2000 년대: 물류와 공급체인의 전략적 중요성이 인식되고, 저 원가에 최상의 고객서비스를 제공하는 데 관심을 기울이게 되었다. 컨테이너의 사용과 RFID 기술이 국제 물류 업무에 확산되었고, 직접배송 모델이 이슈가 되었다.
- 2010 년대: 세계화된 경쟁과 높아진 고객 기대, 직접 배송 모델 및 당일 배송이 확산되었다.

이제 물류의 경제적 영향은 GDP 의 10 ~ 15% 에 이른다고 보고된다. 이렇게 로지스틱스의 영향이 커진 배경에는 지식정보화 사회로의 이행, 세계화, e-비즈니스의 영향 등을 들 수 있다.

시스템적/총비용 관점의 이해

총비용 관점

시스템 관점 또는 총 원가 개념은 어느 특정 부문의 원가절감만을 논하지 않고 로지스틱스 활동의 총 비용을 고려해야 한다는 것이다. 즉 지역 배송원가, 원거리 수송원가, 유통센터 저장 비용, 재고 유지비용, 정보 시스템 비용, 추가적인 비용(포장, 생산방법) 간의 상충관계를 종합적으로 고려해야 한다.

로지스틱스는 부서 및 공급체인을 구성하는 기업들을 포함하는 횡적인 연결을 관장하므로, 총비용 개념을 생각할 때는 이들 비용 요소 간의 트레이드오프(tradeoff: 상충관계)뿐 아니라, 같은 회사 내 생산/물류/영업 간의 트레이드오프, 나아가 전체 공급망을 대상으로 한 트레이드오프가 중요하다.

예를 들어 지연전략(postponement)은 창고 요원이 추가적인 훈련을 받음으로써 유통 창고에서 최종 조립을 할 수 있게 하는 것인데, 이 방안을 도입하고자 할 때에는 거기서 예상되는 추가적인 비용 및 부서 간의 문화 차이에 따르는 실행의 어려움, 그리고 지연전략이 실현되었을 때 나타날 고객 서비스의 향상 효과를 종합적으로 고려해야 한다.

물류원가 간의 상충관계

로지스틱스 기능 간에는 다양한 상충관계가 존재한다. 예를 들어, 창고에서 '변동 위치'와 '고정 위치' 방식에서 전자는 용적효용을 높이는 대신, 오더 피킹 작업이 더욱 복잡해져서 전산화에 의한 자동 피킹과 보관을 위한 투자가 필요하게 된다.

역물류를 위해 기존의 창고와 운송 시스템를 이용할지 혹은 역물류만을 위한 새로운 네트워크를 만들지에 관한 의사결정도 역시 상충관계를 파악해야 한다.

공급체인 문제로 넘어가서 재무, 생산, 판매 및 마케팅 조직 간의 트레이드오프도 역시 다양한 고려사항이 존재한다. 재무와 로지스틱스는 모두 재고 비용을 최소화 하기를 원한다. 그런데 재무는 재고를 총괄적 재고금액으로 파악하고자 하며, 로지스틱스는 기본적으로 SKU 별 개수로 파악한다. 결과적으로 재무의 관점에서는 고가품 매출이 많이 일어날수록 생산성이 향상되는 것으로 나타나지만 로지스틱스 관점에서는 가격의 고저에 상관없이 더 많은 수량을 출하하면 생산성이 올라가는 것으로 나타난다.

트레이드오프 관계에 있는 어느 한 부서의 목표가 향상되는 경우, 다른 부서의 비용이 올라가거나 혹은 최소한 위험이나 불확실성이 올라간다.

생산의 관점에서는 준비교체 회수를 줄여서 더 긴 주정(run)을 유지해야 단위당 제조원가가 작아진다. 린(lean) 생산의 경우라 해도 계절적 수요를 위해서 미리 재고를 비축해 두기도 한다. 마케팅과 재무는 단위당 원가가 낮아지는 것이 가격 책정에 자유도가 커지므로 이런 방안을 좋게 평가할 수 있다. 그러나 로지스틱스의 입장에서는 재고의 증가로 창고 비용과 미충족 주문이 많아지는 문제를 안게 된다. 또한 미리 예측되지 못한 품목은 품절의 위험을 안게 된다. 따라서 이 전략이 실행될 때에는 물류 전문가는 장기의 재고비용이 이익 향상 효과에 의해 상쇄되는지 분석해야 한다.

한편 린생산과 JIT 생산방식을 사용하면서도 짧은 생산사이클을 유지하려 한다면, 이는 잦은 준비교체, 낮은 수준의 재고를 추구하는 것이다. 그 결과 로지스틱스는 낮은 재고 및 창고 비용을 발생시키게 되지만, 잦은 운송(만차가 아닌 배송이 많아짐)으로 수송비용이 증가하게 된다. 재고비용이 낮아지는 대신 오더 충족률이 떨어질 수 있고, 생산 부서의 단위당 제조원가가 올라가는 것이 종합적으로 고려되어야 한다.

이와 유사하게 다음 사항들에 대한 의사결정을 할 때 어떤 트레이드오프가 일어날 것인지 생각해보라. 이런 트레이드오프를 이해하고 경영 효율을 기하는 것이 물류관리자의 역할이다.

- 창고의 수를 줄일 때 일어나는 트레이드오프
- 포장 비용을 줄이고자 할 때 일어나는 트레이드오프

로지스틱스 작동의 동인

로지스틱스에 관한 네트워크를 설계하거나 변화를 모색하는 의사결정을 할 때에는 어떤 계기나 동인(drivers)이 있어야 한다. 변화의 동인에는 다음과 같은 요인들이 있다.

- 원가 대 고객서비스: 고객 서비스를 위해 충분한 안전재고 또는 안전 리드타임을 두어야 할 필요가 있으나 이는 비용을 유발한다.

- 고객 니드와 기대: 고객은 점점 더 나은 서비스를 기대하고, 공급자 간의 차이를 비교한다. 고객의 선택을 좌우하는 속성을 오더획득기준(order winners)이라 하지만, 이는 시일이 지나면서 최소한의 요구조건인 오더자격기준(order qualifiers)이 된다.

- 일정의 압축: 기술 지향적 제품, 또는 색상, 제품 속성의 다양화로 인해 제품의 출시나 주문 대응에 대한 시간을 줄여야 하는 압력이 커지고 있다.

- 세계화와 지역성: 마케팅 채널을 세계화해야 할 니드가 커지는 한편, 지역 별 인프라 특성을 반영한 로지스틱스 운영의 필요가 더 커지고 있다.

- 시장 트렌드: 대형 소매점의 협상력이 커지고, 제 3 자 물류가 확산되는 등의 트렌드에 대응해야 한다.

- 기타, 경쟁관계의 변화, 복잡성과 규제 위험, 컨테이너의 사용과 온라인 능력 등 기술 요인, 환경에 대한 사회적 압력 등을 고려해야 한다.

마크로 지표를 통한 분석

물류가 경제에 미치는 영향을 간략히 알게 하는 지표는 전체 GDP 대비 물류비의 비중이 대표적이다. 이 비중은 물류 인프라스트럭춰가 갖추어진 정도에 따라 국가마다 차이가 있는데, 선진국은 약 8%로 시작하여 후진국은 약 20%까지 올라간다.

물류관리자는 물류에 관한 마크로 경제적 데이터를 알고 있어야 한다. 예를 들어, 판매액에 대한 물류비 비중은 산업에 따라 다르므로 자신이 속해 있는 산업의 평균 물류비를 보고, 자사의 수준을 평가할 수 있어야 한다. 기업의 규모에 따라 큰 기업은 물류정보시스템에 대한 투자나 린(lean) 재고관리 등 관리혁신과 규모의 경제 효과에 의해 작은 기업에 비해 물류비용이 더 낮은 경향이 있다.

수송비는 물류 원가 중 가장 큰 비용 항목이므로 전체 마크로 지표와 자사의 지표를 자주 비교 분석할 필요가 있다. 이 때 산업에 따라 물류비의 크기와 구성비율이 달라진다. 예를 들어 의약품과 같이 무게에 비해 비싼 품목(고 가치밀도)은 전체 물류비가 낮아지는 대신 재고유지비의 비중은 올라간다.

세계화

세계화는 변화를 가속화하고 경영 환경의 예측을 어렵게 만드는 요인의 하나다. 특히 로지스틱스 네트워크의 세계화에 적응 못하는 기업은 경쟁에서 도태될 수밖에 없다. 수요 측면에서 세계화는 소비자의 기대 수준을 높이는 요인이 되고 있다. 글로벌 협력과 경쟁에 의해 제품의 수명주기가 단축되고 대체품이 더 빨리 출시된다. 수송과 로컬 배송, 기타 다른 서비스가 지역에 따라 차이가 있고, 인프라스트럭쳐의 수준도 각기 다르다. 전반적으로 볼 때, 세계화가 진전되면서 생기는 추세는 다음과 같다.

- 컨테이너선의 대형화
- 저 원가 노동력 국가도 이제 숙련 노동자를 구하는 것이 어렵지 않게 됨
- 자유무역협정과 무역블록에 의해 무역장벽이 낮아짐
- 모드 간 수송을 관리해줄 제삼자 물류(3PL)의 이용이 많아짐

글로벌의 진전에도 불구하고 국가에 따라서는 규제와 관세 장벽이 여전하고, 브로커를 이용해야 세관 통관이 가능할 수도 있다. 그리고 문화적인 장벽, 테러에의 대응문제, 기타 인프라스트럭쳐의 문제도 글로벌화의 장애요인이 되고 있다.

전자상거래의 영향

전자상거래는 전체 소매업의 약 10%를 점하고 있으며 연간 15%라는 높은 성장률을 기록 중이다. 스마트폰의 보급률이 급격히 올라가면서 전자상거래를 이용하는 사람들이 크게 늘었다.

전자상거래의 증가는 소포 배달의 증가로 인해 배송 물류에 압

력을 가중하고 있으며, 온라인 배송을 위해 소매점이 일반 소매와 함께 온라인 배송 센터(fulfillment center)로 이용되기도 하고, 또는 우편 소포를 이용하여 공급자로부터 직접 소비자에게 배달하는 직접배송의 비중도 커지고 있다.

전자상거래는 새로운 형태의 배송 모델을 촉진하는 동인이 되고 있다. 예를 들어 키오스크(kiosks)를 이용하여 업무 시간이 지난 저녁 시간대에도 배송하기도 하며, 유럽 국가 중에는 마을의 작은 잡화점을 배송센터로 하여 고객이 직접 물건을 찾아가는 서비스도 시작하고 있다.

로지스틱스 원가계산

전통적 원가계산

전통적인 원가 회계 방법을 써서 어떤 제품 한 단위의 물류 비용이 얼마인지를 산출하려면 우선 다음과 같은 원가 개념을 구분해 내야 한다.

- 고정비(fixed cost): 생산량에 관계 없이 발생하는 렌트료, 재산세, 급여 중 일부
- 변동비(variable cost): 생산량 한 단위 늘 때 비례하여 늘어나는 비용
- 직접비(direct costs): 특정 작업에 직접 귀속되는 비용 - 직접재료비, 직접노무비 등
- 간접비(indirect costs): 특정 작업에 귀속될 수 없는 비용 - 전기료 등, 간접비 배부율에 따라 제품에 배부됨

전통적 원가계산은 먼저 비용계정 별 합산을 해야 하는데, 문제는 로지스틱스 비용과 로지스틱스 외의 비용이 뒤섞여 있어서 어려움이 있다. 또 부서 별 원가를 합계할 때에도 로지스틱스 기능과 타 기능이 서로 교차되며, 재고, 세금, 보험, 물류 고정비(property, plant and equipment: PP&E)가 타 부문과 분리되어 있지 않다. 그래서 물류 원가를 산출하는 데는 회사 나름의 관리회계를 개발해야 한다. 예를 들어 특정 물류 활동의 원가나 특정 고객을 지원하는 데 드는 원가, 어떤 유통 채널을 유지하는 데 드는 원가, 혹은 어떤 제품에 특별히 부가되는 물류 비용 등은 기존의 재무회계적 방법으로는 산출할 수 없다.

전통적인 재무회계의 원가 배분은 전체 고정비를 어떤 기준(배부율)에 의해 배분하여 원가를 산출한다. 어떤 제품군의 배부율은 대개 전체 매출액에 대한 그 제품 매출액의 비율, 즉 '제품군의 매출액 / 전체 매출액'으로 한다. 예를 들어 매출의 1/3을 점한 제품군이 있다면 전체 창고 비용의 1/3, 또는 수송비의 1/3을 배분할 것이다. 그러나 물류비 측면에서 이 제품군이 창고비용과 수송비 각각의 1/3을 쓰는지는 매출액과는 관계 없이 별도로 검토되어야 한다. 이런 점에서 활동기반회계가 필요해진다.

활동기반회계(ABC)

활동기반회계(ABC: activity-based costing)의 논리는, 비용이란 자원을 소비하는 활동들에 의해서 결정된다는 것이다. 만약 어떤 제품이 특별히 많은 관리 인력이 들어간다면, ABC 방식에서는 관리비용의 더 많은 비중이 그 제품에 배분되어야 한다.
활동기반회계를 구축하기 위해서는 다음과 같은 절차가 요구된다.

1) 원가 대상(cost objects): 단위 제품 별, 혹은 제품 라인 등 원가 산출의 대상을 정해야 한다.
2) 직접원가 산출: 원가 대상 별로 추적이 가능한 원가를 말한다. 이 때 원가 추적이 경제적으로 타당한지 판단해야 한다.
3) 원가 추적(tracing): 자원을 활동에 연결하여 원가 대상 별 집계가 가능하게 하는 절차를 말한다.
4) 원가 동인(drivers): 어떤 활동의 원가, 즉 일의 양을 결정하게 하는 요인을 말하며 미리 관찰에 의해서 측정 방법을 정해 두어야 한다.

원가 동인 척도의 예)

- 하역: 수량 또는 유니트 형태(예: 팔레트 수)
- 팔레트화: 카톤 수량
- 창고 적치: 수량 또는 용적
- 피킹: 수량, 피킹 장소까지의 방문 수, 오더 횟수
- 수송: 배달 횟수 또는 거리

제 2 장 공급체인과 로지스틱스 전략

학습목표

1. 조직 및 공급체인 전략의 목적과 목표, 가치제안의 의의를 설명할 수 있다.
2. 특정 서비스 수준에서 비용을 최저화하는 방법을 제시할 수 있다.
3. 외부 파트너와의 긴밀한 관계를 만드는 요소에 대해 설명할 수 있다.
4. 로지스틱스 기능을 위한 핵심성과지표(KPI)를 개발할 수 있다.

로지스틱스 전략

로지스틱스 전략 개요

모든 전략의 목적은 공통적으로 회사의 주요 고객이 원하는 가치를 경제적으로 제공함으로써 경쟁우위를 달성하는 것이다. 로지스틱스 전략은 기능전략의 일종으로서, 상위의 조직전략에 부합하면서 고객에게 요구되는 서비스 수준을 적절히 지원하기 위한 물류부문의 목적(goal)과 목표(objectives)를 명확히 하는 데 그 목적이 있다.

로지스틱스 전략의 목표

공급체인으로 연결된 사업 프로세스를 최적화하는 데에는 연결된 프로세스를 종합적으로 고려해야 하는 점에서 전략적 계획이 되어야 한다. 로지스틱스 전략의 목표에는 다음과 같은 사항이 포함된다.

- 시장에 대한 지식의 향상: 공급체인 파트너 간에 시장에 대한 지식과 정보의 공유
- 상품과 서비스, 자금, 정보의 흐름에 있어서 속도 향상, 가시성 향상, 흐름 상의 변화 줄이기
- 운영의 정비
- 위험 관리의 향상
- 지속성의 향상

로지스틱스 전략을 수립하려면 기본적으로 다음 세 영역의 인풋이 요구된다.

- 고객 서비스 요구 명세
- 조직 및 공급체인 전략(상위 전략)
- 내·외부 제약사항과 핵심능력

조직 및 공급체인 전략

공급체인 전략은 선택된 사업전략을 만족시키기 위해 주어진 환경 하에서 공급체인을 어떻게 운영할 것인가를 정하는 기능전략이다. 여기에는 고객을 어떻게 만족시킬 것인가, 사업을 어떻게

성장시킬 것인가, 주어진 환경 하에서 어떻게 경쟁할 것인가, 조직을 어떻게 관리할 것인가, 사업 내 역량 개발은 어떻게 할 것인가, 그리고 재무적 목표는 어떻게 달성할 것인가 등의 이슈가 포함된다. 로지스틱스 전략은 공급체인 전략에 부합하도록 보다 구체적인 목적과 목표들로 이루어진다. 본원적 공급체인 전략은 다음 세 가지 유형으로 구분된다.

고객초점 전략

이는 무엇이 고객에게 유리한가를 최우선으로 고려하는 전략이다. 고객가치는 제품, 가격, 납기, 인도 등 요소의 균형 잡힌 조합으로 결정되지만, 어떤 조합이 최적인지 결정하는 쉽지 않다. 기본적인 출발점은 최종고객을 만족시켜야 한다는 것, 그리고 공급체인 내의 조직들이 지속적으로 고객을 만족시키기 위해서 이익을 낼 수 있어야 한다는 것이다.

예측구동형 전략

예측구동형 전략은 공급체인 내 핵심기업(대개 제품 생산자)이 예측(forecast)을 산출하여 이를 바탕으로 사업을 전개하는 '밀기(push) 형 전략'이다. 공급체인 내 파트너들도 각자 자신의 과거 실적을 바탕으로 예측 데이터를 산출하여 이를 바탕으로 생산 및 공급 업무를 계획한다. 그런데 예측은 장기적으로는 맞을지라도 단기의 실제 수요와는 일치하기 어렵다. 이런 불일치를 보전하여 품절을 막고자 최종고객을 상대하는 소매점은 좀 더 많은 안전재고를 유지할 수 있도록 주문을 발급한다. 이에 따라 지역창고(distribution center: DC)의 수요 예측은 실 수요보다 더 큰 수준으로 형성되며 변동성을 보전하기 위해 더 많은 안전재고를 두려 한다. 이런 식으로 상류로 갈수록 변동은 증폭되어 공급망의 공급업자에 이르면 진폭이 큰 수요를 갖게 된다. 이런 효과를 채찍 효과(bullwhip effect)라 한다.

수요구동형 전략

만약 수요예측이 아니라 실 수요 데이터에 의해 계획을 수립한다면 채찍 효과에 의한 변동성을 줄일 수 있을 것이다. 그러기 위해서는 소위 '밀기-당기기 경계(push-pull frontier)'를 제조기업까지 후방으로 이동시키는 '끌기(pull) 형 전략'이 요구된다. 수요구동형 전략을 수행하는 데 요구되는 사항은 다음과 같다.

- 파트너 간의 신뢰와 협력: 정보를 공유하기 위해 정보통신 기술의 응용, 프로세스 혁신, 새로운 조직 문화가 요구된다.
- 실 수요 데이터의 공유: 예측 데이터가 아닌 실 수요 데이터를 공유하여 실 수요가 생기면 즉시 생산과 유통 쪽에 전달해야 한다.
- 기민한 응답: 안전 재고를 두지 않음으로써 기민성이 요구된다. 예를 들면 생산 프로세스 교체가 신속해야 한다.
- 밀기가 아닌 끌기: 끌기는 실 수요에 응답하는 생산, 물류 방식이다. 물류 센터의 보충도 현장 창고의 주문에 의하여 이루어진다. 반면에 밀기 방식은 생산과 물류가

중앙 부서의 계획에 의해 구동되는 방식이다.

제약사항과 핵심능력

회사마다 나름대로 타사가 쉽게 따라 올 수 없는 능력을 갖고 있는 경우가 많은데 이를 핵심능력이라 한다. 예를 들어 월마트의 핵심능력의 하나는 소싱(sourcing) 능력이다.

회사의 핵심능력은 각 기능들을 분해하여 타 경쟁자의 수준과 비교하여 파악(가치사슬분석)할 수 있다. 회사의 핵심능력은 다양한 원천에서 나올 수 있는데, 예를 들면 규모의 경제, 지역과 문화 특성에 대한 이해, 기술, 자원 등으로부터 나올 수 있다.

제품형태에 따른 공급체인 전략 예

어떤 기업은 다양한 제품을 생산하며, 제품 라인에 따라 상이한 공급체인을 갖는다. 예를 들어 어느 회사의 주종 제품은 오랫동안 생산활동을 수행해 온 관계로 생산과 공급망이 예측 가능하고 안정되어 있으며, 일부 신제품 라인은 아직 수요를 예측하기 어렵지만 단위 당 이익률은 주종 제품보다 클 수 있다.

이 때 주종 제품에 요구되는 공급체인 특성은 자원의 가동률을 높이고 재고 회전률을 높이면서도 단납기에 원가효율을 추구해야 한다. 반면에 신제품을 위한 공급체인 특성은 생산능력에 여유를 두고 안전재고를 다소 높게 하여 리드타임을 최대한 줄여야 한다. 이를 위해 모듈형 설계를 채택하여 실 수요가 발생할 때까지 제조오더를 미루는 주문지연(postponement) 방식을 채택할 수 있을 것이다.

본원적 로지스틱스 전략

로지스틱스 전략의 실제 모습은 회사마다 다양한 양상을 보인다. 그러나 이를 크게 보면 프로세스 전략, 시장 전략, 정보 전략의 세 가지 본원적 전략으로 구분할 수 있다.

- 프로세스 전략: 린 공급체인과 같이 프로세스를 혁신하여 로지스틱스 경쟁력을 높임
- 시장 전략: 고객 서비스 복잡도를 줄여서 차별화 하거나, 고객의 변경 요구에 대응력을 높임
- 정보 전략: 내부 및 외부 응집력 강화 위한 정보 공유

조직 차원의 전략을 충족시키기 위해 물류 부문은 위의 본원적 전략을 모두 구사하되 다양한 수준의 목적과 목표에 대한 우선순위를 적절히 구사하여 물류 전략을 수립한다.

로지스틱스 전략의 목적과 목표

로지스틱스 전략의 목적과 목표를 정하는 단계에서는 핵심성과지표(KPI)로 지정된 특정한 변수에 대해 측정 가능한 목표치를 부여하는 것이다. 목표치는 전략적 계획에 주어진 계획 시평 동안에 달성하고자 하는 수준을 말한다.

로지스틱스 전략 목적

로지스틱스 전략 목적(goals)은 전략을 실현할 넓은 차원의 계획으로서 자사뿐 아니라 제3자 파트너의 가치 향상도 포함한다. 네트워크 및 채널 설계에 관한 목적은 에셜론(echelon, 물류 단계)의 형태에 관계되며, 고객 관련 목적은 세분된 고객 별로 더

잘 이해하는 일이 포함된다. 통합에 관한 목적은 정보 기술을 이용하여 파트너들에게 단일 원천의 정보를 제공함으로써 로지스틱스 총 원가를 최적화하는 일이 포함된다.

목표(objectives)

로지스틱스 전략 목표는 로지스틱스 시스템을 포괄적으로 지정할 수 있도록 영역별로 유형화하여 목표치를 실징하는 것을 말한다. 일반적으로 다음 영역의 범주 별로 몇 개씩의 변수를 지정하여 목표치를 설정하게 된다.

- 네트워크 통합
- 변동성 줄이기
- 기민성
- 제품수명주기 및 역물류
- 품질
- 고객 서비스 및 응답성

로지스틱스 가치제안

로지스틱스 가치제안은 특정 고객그룹 또는 기타 이해관계자에게 어떤 가치를 제공할 것인가를 공약하는 것이다. 일단 어디로 향하는지에 관한 로지스틱스 전략 목적과 목표가 세워졌다면 로지스틱스 관리자는 향상된 능력이 어떻게 각 세분화 고객의 필요에 부응하도록 작동하는 것인지 명확하게 설명할 수 있어야 한다. 이는 마치 의사결정자나 고객에게 자신의 물류전략 실행계획을 짧은 시간 내에 설득하는 것과 같다.

로지스틱스 전략 목표들은 연관된 가치제안으로 번역될 수 있다. 예를 들어 기민성을 높이기 위해서는 실 수요가 알려질 때까지 가능하면 최종조립을 미루는 지연정책(postponement)이 될 수 있다. 지연정책은 수요처에 근접한 물류센터에서 최종 조립을 하는 방식이다.

원가와 서비스 최적화

로지스틱스의 최적화

로지스틱스 변수는 다양하지만 시스템 관점에서 비용과 서비스를 최적화하려면 각 변수들이 다음의 세 영역의 기본 범주로 구분하는 것이 좋다.

가용성

가용성은 안전재고, 더 빠른 운송, 더 잦은 배송으로 실현될 수 있다. 그러나 원가를 통제하면서 가용성을 올리기 위해서는 물류 파트너 간 정보의 공유가 요구된다.

운영 성과

배달의 일관성, 고객의 요구에 대한 신축성 있는 대응, 수요의 변화 요구를 들어주는 응답성 등이 운영성과에 포함된다.

서비스 신뢰성(품질)

서비스 신뢰성을 높이기 위해서 요구되는 활동에는 교육훈련 프로그램, 성과측정 시스템의 구축, 지속적인 개선, 그리고 이미 발생한 서비스 품질 문제에 대한 회복을 신속하게 하는 활동 등이 포함된다.

이들 세 요인은 다음의 다양한 물류 영역을 통해 실현된다.

수송, 창고업무와 재고업무 영역

- 주 운송(line hauls) 거리를 길게, 더 많은 만차적재
- 운송 통합
- 더 긴 리드타임과 더 큰 재고를 허용하며 통합으로 수송을 지연함
- 출발지-도착지가 같은 업체끼리 파트너가 됨
- 에셜론 추가가 비용 효과적이지 않을 경우, 장기 포장서비스 계약 체결
- 전체 구색을 갖추지 않고 주요구색만 재고보유
- 시설에 묶여 있는 시간 줄이기

인력과 기술 최적화

인력

- 예방적 투자 필요
- 임파워된 작업자가 되도록 훈련
- 다기능화 훈련
- 작업자 안전
- 작업규칙 지키기

- 운전자 위치추적(tracking) 기술

기술

- 역할에 따라 합법적 사용자에게 즉시 접속이 가능
- 정확, 적시 입력
- 요구되는 결과와 실제 제품능력과 결점을 알 것
- 훈련과 변화관리

시스템 관점

네트워크 그려보기

시스템 관점을 갖는 데 도움을 주는 방법으로서 한 가지는 전체 로지스틱스 시스템을 노드와 링크의 연결로 하는 전체 그림을 그려보는 것이다.

전체 소유원가 관점 갖기

또 한 가지 방법은 로지스틱스 원가를 '전체 소유원가(total cost of ownership)' 관점에서 보는 것이다. 로지스틱스 관점에서 물건의 매입가는 전체 소유원가의 출발점일 뿐이고, 여기에 다양한 물류 비용이 부가된다.

물류 비용

- 구매가
- 수송비(산업포장비 포함)

- 통관, 관세 비용
- 재고비용(재고유지비, 주문비, 주문 지급처리 비용)
- 제3자 물류업자 수수료
- 감시와 통제 비용
- 기타(재무적 기회비용, 판매관리비, 사무처리비, 보험과 위험관리비용, 세금과 환차 비용)

거래 前 비용

- 물류 시설을 위한 자본투자 등
- 제품개발, 요구조건의 파악과 연구개발, 소싱과 계약 등
- 공급자 교육

거래 後 비용

- 생애주기 비용(품질, 내구성, 유지보수)
- MRO(maintenance, repair, and operations)
- 품질비용(cost of quality)
- 지속성 비용(sustainability cost): 리사이클링, 자원 회수 비용
- 고객 서비스와 평판 유지 비용

전체 소유원가 개념을 이용하여 로지스틱스 비용의 트레이드 오프에 관한 의사결정을 할 수 있다. 예를 들어, 만약 전체 소유원

가 곡선이 물류센터의 수가 증가함에 따라 체감하다가 다시 체증한다면 그 변곡점에 해당하는 물류센터 수가 최적이라 할 수 있다.

생산방식과 원가구조

고객 서비스 수준을 높이는 일, 영업사원의 급여 수준, 서비스의 소유냐 외주냐의 의사결정 등은 모두 조직의 직접 원가 및 간접 원가에 영향을 미친다. 또한 생산운영 모델을 재고생산, 주문생산, 주문설계 중 어떤 방식으로 할 것인지, 그리고 자원의 자체 보유와 외주의 선택에 의해서도 조직의 원가구조에 많은 영향을 미친다.

예를 들어 예측생산(make-to-stock)은 생산원가를 낮게 할 수 있지만 재고유지비용이 올라가게 될 가능성이 많다. 따라서 예측생산은 표준화 되어 있고 큰 물량으로 생산되는 제품에 유리하다. 주문조립 방식(make-to-assemble)은 생산원가, 재고유지비용 및 계획 비용이 중간 수준이라 할 수 있고, 주문생산(make-to-order)은 생산원가가 올라가지만 재고유지비용과 생산계획 비용은 낮게 유지될 수 있다. 따라서 주문생산은 수많은 구성이 고객에 의해 제시되며 수요 패턴이 간헐적인 제품에 적합하다.

내작-외주 의사결정

물류 활동을 내작으로 할 것인지 외주로 할 것인지 의사결정을 하기 위해서 물류 관리자는 다음과 같은 질문을 제기해 보아야 한다.

- 그 활동이 핵심역량에 해당하는가?
- 스킬과 지식을 잃는 데 따르는 결과는 무엇이고, 고객 경험에 대한 영향은 무엇인가?
- 매입가 또는 총원가는 어떤가?
- 손익분기점(break-even point)은 어디인가?

핵심역량에 해당하는 기능을 외주화하는 것은 합리적으로 볼 수 없다. 어떤 기능을 타사가 더 잘 하거나 적은 노력으로도 자사와 같은 수준을 보인다면 그 기능은 핵심역량이라 할 수 없다. 또 자사가 잘 하는 기능이라 해도 핵심역량이 되기 위해서는 고객의 니드가 있는 영역, 즉 중요성이 큰 기능이라야 한다. 어떤 기능이 핵심역량인지 아닌지를 판단할 때는 내부적 편견을 없애기 위해 외부 전문가의 의견을 청취하는 것이 도움이 된다.

내작-외주 의사결정과 총원가

앞에 설명한 총 원가 산정을 해 보면 내작이 유리한지 외주가 유리한지 판단하는 데 도움이 된다. 다음과 같은 물류 목표는 내작이 유리하다.

- 품질, 프로세스, 지속가능성에 대한 통제
- 고객초점과 응답성
- 특히 지적자산에 대한 위험 관리
- 외주는 모니터링과 통제비용을 증가시킴

반면에 다음과 같은 목표를 얻기 위해서는 외주가 더 선호되는 경향이 있다.

- 고객 요구에 대한 기민성
- 실패에 대한 회복성
- 자본적 지출을 줄임
- 핵심역량에 집중
- 혁신성 추구
- 신시장 진출

계약 절차

로지스틱스 기능 중 일부를 외주하기로 결정했다면 그 다음에는 공식적인 계약 절차를 따르는 것이 중요하다. 다음은 계약업무를 처리하는 순서로서 각 단계는 필요 시 반복되는 순환적인 과정이다.

1) 결과를 염두에 두고 외주 계획을 세움 – 미리 어떤 기준에 부합해야 하는지 목표를 정할 것
2) 핵심역량 분석을 하여 전략적 중요도를 분석 – 전략적으로 중요한 기능은 외주 안 함
3) 원가 분석 및 현재(as-is) 상태 파악
4) 외주업체를 선정함
5) 체결된 계약을 실행함
6) 내부 프로세스를 재설계하고 이행 담당자 지정
7) 계약 관계를 관리함

공급자 선택

위의 계약 절차에 들어 있는 '외주 업체를 선정'하는 절차는 아래와 같으며, 이런 과정을 거쳐 편견 없이 적합한 외주 업체를 선정할 수 있다.

1) 요구조건, 설계조건이나 특별한 물류조건 등 범주를 명확히 한다.
2) 외주업자의 유형이 독점형인지 개방형인지 결정한다.
3) 웹이나 물류 전문지 등을 통해 잠재적 공급자들을 찾는다.
4) 제안요청서(request for proposal, RFP) 또는 입찰요청서(invitation to tender, ITT)를 보낸다.
5) 응답 내용을 비교, 평가한다.
6) (복수의) 계약자를 선정하고 협상한다.
7) 계약 조건을 마무리하고 계약을 체결한다.

세분화/ SC동기화/ 관계 관리

세분화

세분화는 전체 고객을 마케팅 목적에 맞게 몇 개의 고객군으로 분류하는 것이다. 고객이라 하면 자사의 물류에 의존하는 내부 고객, 제3자 물류업체를 포함한 중간상, 그리고 제품의 최종 소비자를 포함하며, 로지스틱스의 관점에서 세분화는 로지스틱스 업무의 우선순위에 영향을 주는 고객 세그먼트를 밝혀내는 것이다. 로지스틱스 고객의 세분화는 다음과 같은 기준에 의해 이루어진다.

- 시장 세분화 - 전체 고객을 고객 유형 별로 분류함
- 고객별 수익성 등 가치를 기준으로 파레토 분석을 통한 세분화
- 인구통계적인 특성을 이용한 세분화
- 지역에 의한 세분화
- 판매량/수요량이 비슷한 영역을 지역별로 묶음
- 선호하는 수송모드에 의한 세분화
- 물류 네트워크에 의한 세분화
- 제품에 의한 세분화 – 매출액, 출하량, 이익, 대용량 물품, 온도 조절/위험물 등 특별한 처리가 필요한지 여부
- 제품수명주기에 의한 세분화

공급망의 동기화

외부 파트너를 포함한 물류 기능 간의 원활한 협력이 이루어지는 정도를 공급체인의 동기화라 한다. 공급체인의 동기화 정도는 조직문화와 함께 로지스틱스에 영향을 주는 요인이며, 이를 위해서는 조직 기능을 횡단하는 리더십이 요구된다.

일반적으로 조직구조가 기능적 계층구조인 경우는 '부서 간 장벽'이 존재하기 때문에 기능 간 커뮤니케이션이 잘 안 될 수 있으므로 기능횡단적이면서 상급 직위의 권위를 갖는 물류 관리자가 필요하다.

물류 기능을 매트릭스 구조를 이용해 조직화하는 방법도 있지만 이 경우 구성원은 보고해야 할 상사가 둘로 나뉘게 되어 혼란을

겪을 수가 있다.

네트워크 구조는 기능 별이 아니라 업무 프로세스를 중심으로 조직화하는 방법이다. 예를 들어 주문관리 프로세스는 기능횡단적으로 일이 진행되는데, 이를 한 팀으로 묶는 것이다. 네트워크 조직이 잘 운영되려면 구성원이 높은 역량 수준을 갖고, 통제가 아닌 자율에 의해 일하는 풍토가 형성되어 있어야 한다.

로지스틱스 관계 관리

물류의 내부 기능 간 통합이 로지스틱스의 가치창조에 도움이 되는 것과 같은 이유로 외부의 공급체인 파트너들과의 통합이 이루어진다. 정보시스템 기술의 발달은 이런 로지스틱스 통합을 가능하게 하는 동인이다. 파트너 간에 수요정보를 공유하면 전술한 황소채찍 현상을 줄일 수 있다. 또한 미래 계획이나 전략을 공유한다면 파트너들은 고객의 요구를 만족시키는 더 빠르고 경제적인 방법을 찾을 수 있게 된다. 그러나 파트너십은 쉽게 이루어지는 것이 아니며, 다양한 형태를 띠게 된다. 로지스틱스 파트너십 유형은 다음과 같이 단순 계약적 관계로부터 시작하여 점차 전략적 통합이 강화되는 방향으로 발전한다.

1) 계약관계
2) 일상적 관계
3) 리더/팔로어 관계
4) 전략적 제휴 관계
5) 한 기업의 연장과 같은 통합

3PL 전망

제3자 물류회사(3PL)는 회사의 물류 기능의 일부 또는 전부를 도맡아 대행해 주는 물류 전문회사이다. 그들은 높은 수준의 정보시스템 능력으로 고객사와의 정보 통합을 통해 높은 가시성을 실현한다.

고객사는 3PL을 보통은 전술적 차원의 업무 대행자로 인식하지만, 신뢰 관계가 증진되면 전략적 통합으로 발전할 수 있다. 물류 대행회사가 회사의 물류 전략을 수행하는 기관으로 인식될 때 이를 4PL이라 한다.

제3자 물류회사와 더 높은 수준의 관계로 발전하는 데 있어서 고려해야 할 사항은 다음과 같다.

- 신뢰: 물류의 통합은 예민한 정보를 공유해야 하므로 높은 수준의 관계로 가는 데 있어서 신뢰는 가장 중요한 요소다. 좋은 신뢰 관계를 만들려면 좋은 조직문화에 바탕을 둔 관계라야 한다.
- 리더십: 공급체인의 채널 마스터 역할을 하는 기업의 리더십이 중요하다.
- 권력: 공급체인 파트너 간의 권력 관계를 이용해서 가격을 낮추는 데만 관심을 갖는다면 파트너 관계는 와해될 수 있으므로 파트너 간에는 위험과 보상을 적절히 공유해야 한다.
- 정보 공유: 판매예측이나 실 수요를 공유하고 고객 정보를 공유하는 것을 통해 공급망 전체는 수요에 따른

공급의 대응력을 높일 수 있게 된다.

- 위험: 파트너십 관계가 잘못되었을 때의 위험은 공급망 내 파트너에 따라 서로 다르다. 따라서 위험과 보상을 공유하는 계약에 의해 파트너십 문제가 생겼을 때 모든 참여 파트너가 공정한 재무적 손실을 입는 관계를 만드는 것이 필요하다.

성과측정과 KPI

성과측정의 용도

일반적으로 성과측정 시스템의 목표는 모니터링, 통제, 동기부여의 세 가지로 볼 수 있다.

- 모니터링: 관찰과 데이터 수집을 통해 현재 시스템의 운영 성과를 추적한다.
- 통제: 데이터를 표준치와 비교하여 필요 시 시스템에 어떤 변화를 가한다.
- 동기부여: 사람들을 바람직한 방향으로 동기부여하는 리더십을 발휘한다.

로지스틱스 성과관리

로지스틱스 기능의 성과를 측정하고 관리하는 일은 지속적이라야 하고, 정착되는 데 오랜 시간이 소요되는 일이다. 물류 성과측정의 목표는 현재 시스템의 효과성과 효율성을 평가하여 적시에 투자 의사결정을 하도록 하며, 시스템 성과를 예측하여 업무

일정을 더 정확하게 통제할 수 있게 하고, 업무 흐름의 제약 영역이 어디인지 알게 하는 것이다.

성과관리 절차는 품질관리의 PDCA 사이클 또는 변화관리 사이클의 일종으로 볼 수 있으며, 성과목표 설정, 성과 측정, 데이터 분석, 프로세스 개선/변화, 개선된 시스템 유지의 순환적 사이클로 이루어진다. 이 때 성과측정과 관리에 주로 이용되는 도구로서는 감사(audit) 체크리스트, 균형성과표(balanced scorecards), 그리고 성과 대시보드(performance dashboards) 같은 것이 있다.

성과 목표를 정하는 다른 방법

성과 목표를 지정하는 방법으로서 핵심성공요인(CSF)을 지정하는 방법과 가치 동인(value drivers)을 지정하는 방법이 흔히 쓰인다.

핵심성공요인(critical success factors, CSF)은 전략적 이점을 가져오는 몇 개의 핵심 영역을 선정하는 것으로, 핵심 지표들은 조직 전략과 직접 연결되어야 한다. CSF를 정하기 위해서는 관련 부서가 함께 참여하여 결정해야 하며, 회사마다 특유의 지표가 선정되겠지만 로지스틱스 관점에서 수익성 증대와 업무 상의 가시성을 증진하여 경쟁력을 높이는 요인이 되어야 한다.

가치 동인은 로지스틱스 관점에서 가치를 증진하는 행동과 프로세스를 정하는 것으로, 회사가 고객을 잘 응대하고 있는지에 대한 대답에 해당한다. CSF 또는 가치 동인을 만족시키는 성과 지표를 핵심성과지표(key performance indicators: KPIs)라 한다.

좋은 지표의 특질

성과측정 지표는 잘못되면 회사의 전략과 일치되지 않는 예기치 않은 결과 가져온다. 지표를 선정할 때는 최소의 지표로 전략적 목표 전체를 포괄할 수 있도록 우선순위에 따라 결정되어야 한다.

그 밖에 좋은 성과지표가 되는 조건은 편견을 줄이기 위해 주로 양적 지표가 되는 것이 바람직하며, 모호하지 않고 명확한 지표, 투입과 산출의 관계가 명확한 지표, 그리고 조직의 참여를 이끌어낼 수 있는 지표라야 한다.

성과의 측정과 분석

성과 측정의 표준화를 통해 데이터의 타당성과 가치를 증진할 수 있다. 성과측정의 타당성을 증진하기 위해서 유념해야 할 기준은 다음과 같다.

- 매번 같은 시점에 측정
- 유사한 조건 하에 측정
- 일관성을 증진할 수 있는 데이터 수집 도구를 사용할 것

핵심성과지표(KPIs)

업무 성과가 회사의 목적과 전략에 일치하는지 평가하도록 선정된 지표를 핵심성과지표(KPIs)라 한다. KPI는 중요한 것은 측정하고 중요하지 않은 것은 측정하지 않아야 하며, 측정 결과를

지속적으로 관리하여 자율 교정이 되도록 해야 한다. KPI는 다음 세가지 유형으로 구분된다.

- 선도적 지표: 미래의 성과를 좋게 하는 데 기여하는 지표, 예) 정례적 유지보수
- 지연적 지표: 지난 기간의 성과를 나타내는 지표, 예) 수송비, 품질 불량률
- 진단적 지표: 조직의 전반적 건강과 재무적 위치를 보이는 지표

SCOR 모델 성과지표

로지스틱스 성과 지표로서 SCOR 모델이 유용하다. SCOR모델이 지향하는 성과 특성을 구분하면 다음과 같다.

- 신뢰성: 공급체인이 신뢰롭게 작동하여 바른 제품을 적시에 정확하게 인도하는 정도를 나타내는 지표
- 응답성: 공급체인이 제품을 고객에 얼마나 신속하게 제공하는가를 나타내는 지표
- 기민성: 시장의 변화에 대응하여 경쟁우위를 높일 수 있는 능력을 나타내는 지표
- 원가: 고객에의 서비스를 이행하는 데 소요되는 총원가로서 직접원가와 간접원가로 구분한다.

제 3 장 수요와 공급의 일치 - 예측

학습목표

1. 기본적인 예측 기법들에 대해 설명할 수 있다.
2. 예측의 한계를 이해할 수 있다.
3. 예측의 절차를 설명할 수 있다.
4. 과업에 적합한 예측 기법을 선택할 수 있다.

예측 개요

예측의 용도

예측을 하는 주 목적은 지나친 재고를 보유하는 것을 방지하고, 동시에 과도한 품절이 발생하는 것을 방지하는 것이다. 데이터가 가용하다면 예측하지 않고 실 수요를 이용해야 한다. 예측이 불가피한 경우란 리드타임이 충분하지 않을 때를 말하는 것으로 공급에 필요한 리드타임(P-time)과 소비자가 요구하는 납기(D-time)의 차이가 나는 기간에 대해 예측을 사용하게 된다.

로지스틱스에서는 장·단기 예측을 다음과 같은 용도에 사용한다.

- 3-5년 중장기 예측: 창고의 수와 크기, 제품라인 별 평균 출하량
- 1 년간 예측: 작업자 및 장비 수, 수송차량의 예약

- 월간 예측: 작업자 및 창고용량의 제약, 최소 주문 하에서의 차량 대수

계획 수준과 예측

사업계획을 위한 예측

사업계획을 위한 예측은 금액, 중량, 시간 등 총량화 된 단위로 이루어진다. 이 수준에서의 예측은 회귀모형/상관관계 등 인과모형이 적합하지만, 경영자의 직관이 중요하며, 최고경영자가 깊숙이 참여한다. 사업계획을 위한 예측은 일반적으로 연간 단위로 준비되며 수 년을 커버한다.

생산 및 판매계획을 위한 예측

생산 및 판매계획(sales and operations plan: S&OP)을 위한 예측은 주로 제품 집단 별 금액, 개(단위) 등 총량화 된 척도로 이루어진다. 경영자의 참여는 중간 수준이며 총괄된 값을 조정하는 데에 관여한다. S&OP 수준의 예측은 대개 연간 여러 번 이루어지며, 수 개월을 커버하는 기간에 대해 이루어진다.

기준생산일정을 위한 예측

기준생산일정(master production schedule: MPS)을 위한 예측은 개별 제품의 단위로 표시된다. MPS 수준에서의 예측은 주로 정량적 예측 소프트웨어를 사용하는 절차를 써서 이루어진다. 예를 들어 과거의 흐름이 미래를 점치는 데 이용될 수 있다는 전

제하에 투사적 기법(projection)이 사용된다. MPS 수준의 예측에 경영자의 참여는 별로 없다. MPS의 예측은 지속적으로 갱신되며, 수 주나 수 일의 기간을 커버한다.

예측치의 총괄과 분해

S&OP의 결과는 총괄적 수요예측이다. 장기적 또는 총괄적 예측은 개별적, 단기적 예측에 비해 더 정확하다. 이렇게 총괄 예측이 이루어진 것을 세부적인 개별 제품 단위 별로 예측치를 분해하는 데는 피라미드 예측 방법이 사용될 수 있다.

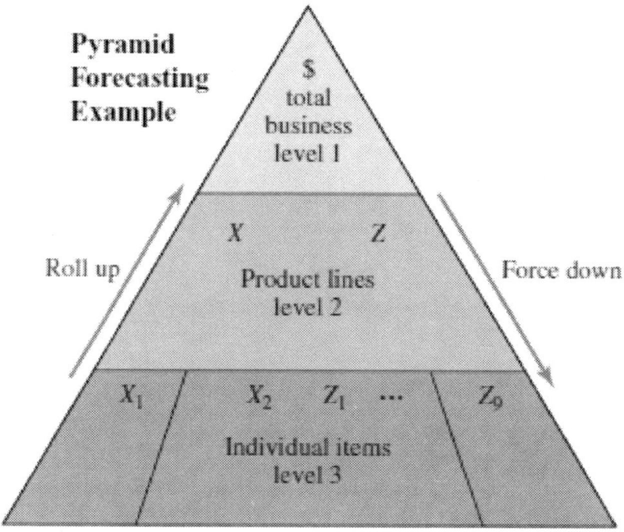

Roll-up은 세분화된 하단부에서 총괄화된 상단부 방향으로 예측치를 합쳐서 총괄(aggregate)하는 것을 말한다. 반대로 forcedown은 상위 예측치를 분해(disaggregate)하는 것을 말한다.

예측의 정확도를 높이는 방법

예측의 정확도를 높이기 위한 두 가지 중요한 원칙은 첫째, 총괄 예측이 개별품목의 예측보다 정확하다는 것, 둘째, 장기 예측일수록 불확실성은 높아진다는 것이다. 그 밖에 예측의 정확도를 높이는 원칙들을 들면 다음과 같다.

- 미래는 불확실하다.
- "예측은 언제나 틀린다"따라서 정확도를 추적관리 할 것
- 편향(bias)이 없는지 모니터링 할 것
- 편익-비용 분석으로 적합한 예측 기법을 쓸 것
- 개별품목의 예측보다 신뢰도가 높은 총괄 예측을 사용할 것
- 데이터의 원천을 확인하고 모델을 단순화할 것
- 판매 데이터보다 실 수요 데이터를 사용할 것
- 중간고객 수요가 아닌 최종고객 수요를 사용할 것

채찍 효과

1960년대 MIT의 연구자들이 맥주에 대한 물류 게임(beer game)을 시뮬레이션 게임으로 개발했는데, 여기서 채찍 효과(bullwhip effect)라는 것이 발견되었다. 게임은 4개의 에셜론으로 구성된 공급체인이었는데, 각 참가자는 하나씩의 에셜론을 맡아서 하류에서의 수요를 바탕으로 상류로 주문을 내는 일을

하되, 참가자 간 다른 커뮤니케이션이나 협력은 허용되지 않는다. 그 결과 최종 고객의 수요에 작은 증가가 상류로 갈수록 더 큰 변동을 유발하는 현상이 발견되었다. 이렇게 수요 상의 작은 불확실성이 상류로 갈수록 점점 더 왜곡되는 현상을 채찍 효과라 한다. 각 에셜론은 하류DC의 오더를 모두 실 수요로 취급하여 상류의 DC에 증폭된 주문을 하여 발생한 현상이다.

수요에 영향 주는 요인들

기본 수요는 어떤 제품이나 서비스에 대한 장기적인 평균 수요이다. 여기에 경향(trend), 계절성(seasonality), 경기순환(cyclical), 자기상관(autocorrelation), 임의(random) 등의 요소가 하나 또는 다수 포함된다.

- 경향(trend): 장기적인 수요의 상승 또는 하락 추세
- 계절성(seasonality): 연간 어느 계절이냐에 따라 나타나는 상승 또는 하락 효과
- 경기순환(cyclical): 계절적 수요에 관련되지 않은 반복 패턴
- 임의(random) 변동 : 어떤 특정 요인과 결부시킬 수 없는 수요의 변화

양적인 예측을 할 때, 우선 이들 요소를 분리해 내어 기본 수요를 구하고 나서 예측 기법을 써야 한다.

예측 절차

일관된 예측이 이루어지도록 하기 위해서는 다음과 같은 절차를

따라야 한다.

1) 예측의 목적 정함
2) 총괄 단위 정하기
3) 예측 기간 정하기
4) 과거 데이터로 산점도 그리기
5) 예측 방법, 모델 결정
6) 데이터 준비
7) 과거 데이터로 검증
8) 예측
9) S&OP 수행
10) 주기적으로 모델을 검토하여 개선함

예측 기법

질적 예측(qualitative)은 전문가의 의견이나 판단에 의한 방법으로 대표적으로 델파이 방법(Delphi method)이 있다. 이 방법은 전문가들을 서로 영향을 받지 않도록 한 자리에 모으지 않고 의견을 모은 뒤 그 결과를 보내 주어 연속된 라운드의 의견조사를 몇 라운드 실시하여 합의점을 찾음으로써 그룹사고의 가능성을 줄이는 데 그 특징이 있다.

양적 예측(quantitative)은 시계열 자료를 이용하여 장래의 수요를 예측하는 것이다. 양적 예측의 전형적인 방법으로서 이동평균법과 지수평활법이 있다.

계절성과 계절지수

예측에서 계절성(seasonality)을 정량화한 것이 계절지수 (seasonalfactor)이다. 계절지수는 시계열 자료에서 연간 계절 별 요인을 없애기 위한 조정치로 사용된다.

계절지수는 대개 분기를 단위로 하여 구하는데, 해당 분기의 실적을 평균값으로 나눈 것이다. 만약 어느 분기의 실 판매액이 200이고, 연간 총 판매액에 의해 구한 분기 3개월 간의 평균 판매액이 250이라면 그 분기의 계절지수는 200 / 250 = 0.8 이 된다.

만약 다음 해의 총 판매 예측이 1,100 단위라면 봄(spring) 시즌의 예측치는 평균 분기 판매액 예측치인 275에 계절지수 0.8을 곱하여 220 단위로 예측된다.

계절성이 있는 데이터로 예측을 해야 할 경우에는 먼저 계절지수를 구해서 계절성을 제거한 데이터를 만들어 예측에 사용해야 한다. 이를 위해 과거 실적 데이터와 나란히 계절성이 제거된 실적 데이터를 미리 만들어 둔다. 계절성이 제거된 데이터를 바탕으로 이동평균법이든 지수평활법이든 예측기법을 적용해서 차기의 예측치가 계산된 후에는 다시 계절지수를 곱하여 계절성이 반영된 예측치를 구한다.

단순 및 가중 이동평균법

계절성이 제거된 월 별 실적치 몇 개월 분이 축적되면 이동평균법을 적용하여 예측을 할 수 있다. 이동평균법은 기간 별 수요가 상대적으로 일정할 때 유용하며, 몇 개 기간의 평균값을 예측치로 함으로써 일시적인 수요의 증감에 의한 과민한 대응을 억제하는 효과를 가져온다.
만약 2015년 10, 11, 12월의 실적치를 각각 M1=15, M2=12, M3=14라 한다면 2016년 1월의 예측치는 이동평균법에 의해 다음과 같이 구하다.

3개월 이동평균 = (M1 + M2 + M3) / 3 = (15 + 12 + 14) / 3 = 31.6

가중 이동평균법은 어느 특정한 기간, 대개는 현재와 가까운 과거에 해당하는 기간에 더 큰 비중을 주는 방법이다. 위의 예에서 만약 12월에는 3배, 11월에는 2배, 10월은 1배의 비중을 준다면 가중 이동평균법에 의한 2016년 1월의 예측치는 다음과 같이 구한다.

3 개월 가중 이동평균 = [(1 × M1) + (2 × M2) + (3 × M3)] / 6 = 13.5

이때 분모의'6'은 가중치의 합이다.

지수평활법

지수평활법은 여러 기간을 평균하는 것을 포기하는 방법이다. 대신 앞의 가중 이동평균법에서와 같이 평활지수라고 하는 가중치가 사용된다.

지수평활법을 사용하려면 마지막 기간의 예측치와 실적치, 그리고 평활지수(α)의 세 가지 자료가 필요하다. 만약 앞의 예에서와 같이 마지막 달의 실적치가 14, 지수평활법에 의한 예측치가 16.2이었고, 그리고 평활지수 α=0.3으로 한다면 지수평활법에 의한 2016. 1월의 예측치는 다음과 같이 계산된다.

2016년 1월의 예측치 = (0.3 × 14) + [(1 − 0.3) × 16.2] = 15.54

회귀분석

회귀분석(regression analysis)은 상호 관련된 두 개 혹은 더 많은 변수 간의 관계를 알아내는 것이다. 선형 회귀분석은 회귀식의 특수한 경우로서 두 변수 간의 관계가 직선으로 표시될 수 있는 관계를 가정한다.

$$Y = a + bX$$

에서 Y 는 종속변수, a 는 y축 절편, b는 직선의 기울기, 그리고 X는 독립변수 값을 나타낸다. 회귀식을 구하는 대표적인 방법으로서 최소자승법이 이용된다.

최소자승법

최소자승법(least squares method)의 목표는 각 데이터가 나타내는 직선과의 수직거리의 자승합(the sum of the squares)이 최소가 되는 직선을 찾고자 하는 것이다.

$Y = a + bx$ 일 때

자승의 합(sum of squares)은 이렇게 표시된다.

$$Sum\ of\ Squares = (y_1 - Y_1)^2 + (y_2 - Y_2)^2 + \cdots + (y_i - Y_i)^2$$

이 때 자승의 합이 최소화 되는 a, b 값은 다음과 같이 계산된다.

최소자승법 계산식:

$$b = \frac{\sum xy - n\overline{x}\overline{y}}{\sum x^2 - n(\overline{x})^2}$$

$$a = \overline{y} - b\overline{x}$$

예측의 해석

예측의 정확성(오류율)

예측 오류는 실제 수요와 예측 수요 간의 차이이고, 예측 오류를 절대값으로 표시한 것을 절대편차라 한다.

즉 절대편차(absolute deviation) = |Actual − Forecast|

평균 절대편차(mean absolute deviations: MAD)는 일정기간 동안의 절대편차를 합하여 기간 수로 나눈 값이다.

예측의 해석 - 추적신호

예측기법의 타당성을 동적으로 평가해 보고자 할 때 추적신호를 사용할 수 있다. 추적신호는 오차의 누적합(cumulative sum of error)을 평균 절대오차(MAD)로 나눈 값이다. MAD로 나누는 것은 분석 데이터의 종류가 다양하기 때문에 이를 표준화하는 개념으로 이해할 수 있다.

다음 <표>에서 'T'품목의 추적신호는 다음과 같이 계산된다.

오차의 누적 합 (Cumulative Sum of Error) = $\sum(Ai - Fi) = 200$

편의 (Bias) = $\frac{\sum(Ai - Fi)}{N} = \frac{200}{10} = 20$

평균절대오차 (MAD – Mean Absolute Deviation) = $\frac{\sum|Ai - Fi|}{N} = \frac{1600}{10} = 160$

추적신호 = 오차의 누적합 / 평균절대오차(MAD) = 200 / 160 = 1.25

같은 방법으로 <표>의 'W' 품목에 대한 추적신호를 구해보면 7.5 로 산출된다. 이는 지난 10개월 간의 예측에 있어서 'T'품목의 예측이 'W'품목의 예측에 비해 편의(bias)가 훨씬 적었음을 보여주고 있다. 또한 두 품목 모두 실제값이 예측값보다 큰 방향으로 편의가 발생하고 있음을 보이고 있다.

추적신호(tracking signal)

T와 W에 대한 예측 = (1000/기간)

기간	실제판매량		오차		오차의 누적 합	
	T	W	T	W	T	W
1	1,200	1,200	200	200	200	200
2	1,000	1,000	0	0	200	200
3	800	1,200	-200	200	0	400
4	900	900	-100	-100	-100	300
5	1,400	1,400	400	400	300	700
6	1,200	1,200	200	200	500	900
7	1,100	1,100	100	100	600	1,000
8	700	1,300	-300	300	300	1,300
9	1,000	1,000	0	0	300	1,300
10	900	900	-100	-100	200	1,200
총계	10,200	11,200				
$\Sigma \mid A_i - F_i \mid$			1,600	1,600		

평균절대오차(T&W) $= \frac{1,600}{10} = 160$

추적신호 $= \frac{\text{오차의 누적 합}}{\text{평균절대오차}}$

추적신호

ITEM T: $\frac{200}{160} = 1.25$

ITEM W: $\frac{1,200}{160} = 7.5$

<표> 추적신호 구하기

수요예측의 활용 예

로지스틱스에 관한 수요예측은 중, 장기 생산능력을 계획하는 중요한 정보가 된다. 장기적 전략 계획의 수준에서는 물류 시설이나 장비의 구입이나 리스를 하기 위한 의사결정에 예측 정보가 이용된다. 중기 혹은 총괄 수준의 예측 정보는 인력이나 장비의 추가나 감축, 재고의 증가나 감소, 또는 하청계약에 관한 의사결정에 쓰인다.

예) 수요예측을 수송 능력으로 변환

수송 능력을 계획할 때 제일 중요한 것은 만차(full truck load: TL) 운송의 비중을 많게 하고 부분 적재(less than truck load:

LTL)의 비중을 적게 하는 것이다. 그렇게 해야만 수송 능력을 효율적으로 사용할 수 있다.

신뢰도 높은 중, 장기 예측이 주어진다면 회사는 운송 전문회사에게 필요한 수송 능력 추정치를 주어 장기 계약을 할 수 있다. 예측 자료는 피크 시즌 또는 항만 파업과 같은 사태가 발생했을 때 일찍 선적하거나 또는 능력을 선점할 수 있게 도움을 준다.

인바운드 수송능력을 계획하기 위해서는 MRP시스템을 사용하여 기간별로 어느 공급업체로부터 얼만큼의 수송물량이 운송되어야 하는지 산출할 수 있다. 이런 백스케쥴링(backscheduling)을 통해 공급자보다 더 싸게 수송할 수 있는 가능성을 찾을 수 있다.

아웃바운드 수송능력을 산출하는 것은 DRP시스템이나 유사한 방법을 써서 연간 기간별 출하 물량을 바탕으로 요구되는 수송 능력 요구량을 구하고, 이를 회사가 보유하고 있는 아웃바운드 수송 능력과 비교하여야 한다. 기본적인 의사결정 기준은 우선 보유하고 있는 운송 능력의 가동률을 최대로 높이고, 추가로 요구되는 운송 능력에 대한 아웃소싱 계약을 생각하는 것이다.

제 4 장 수요관리

학습목표

1. 수요와 공급이 균형을 이루도록 하는 내부적, 외부적 방법을 기술할 수 있다.
2. 계획수립과 일정계획을 통해 품절을 막고 과잉 공급을 막으면서 가치를 부가하는 과정을 설명할 수 있다.
3. 공급망소요계획(DRP)의 기능을 설명할 수 있다.

수요관리 범위

수요관리란 제품 또는 서비스의 모든 수요를 인식하여 시장을 지원하는 기능이다. 수요관리는 공급의 한계 속에서 수요의 우선순위를 정하고 대응하는 일, 즉 계획, 실행, 통제, 설계, 가격설정, 촉진과 배송 등 고객의 수요에 대응하는 거래를 포괄하며, 앞서 살펴 본 수요 예측에서부터 다음 장에서 살펴 볼 주문 관리까지 모두 수요관리에 포함된다.

수요관리 – 외부와 내부의 균형

외적 균형- 고객오더를 변화시킴

- 가격
- 리드타임

- 대체품에 대한 판매 촉진

내적 균형 - 내부 능력으로 대응

- 생산의 신축성 증진
- 재고 보유: 재고보유에 의한 균형은 품절 위험을 낮추지만 과잉재고를 더욱 악화시킴
- 마케팅적 방법: 판매 인센티브, 가격 할인, 소비자에 대한 판매 촉진

수요관리 기능

수요관리(demand management, DM)는 고객에 관한 정보, 고객으로부터의 정보를 통합해서 MPC에 전달하는 기능이다. 즉 DM은 고객의 요구와 MPC 시스템과의 연결을 관장한다. DM의 활동에는 수요 결정, 고객오더의 납품약속, 공급과 수요의 균형 등이 포함되며, 잘 운영되는 DM을 갖고 있음으로 해서 회사는 보유하는 생산능력을 더 효과적으로 사용할 수 있게 된다. DM을 통하여 고객의 니드와 생산능력 간의 통합이 이루어지고, 보다 정직하게 고객 주문에 대한 약속이 이루어지며, 물적 공급 업무가 개선될 수 있다.

수요관리의 기능은 다음과 같다.

- 정보 수집 – 고객으로부터의 수요를 예측, 고객 오더의 입력, 특정 제품수요의 파악
- 고객에의 커뮤니케이션 – 납기약속, 오더 상태의 확인,

변경의 커뮤니케이션

- 수요의 모든 원천을 찾아 냄 – 서비스 부품 수요, 사내 소요량, 기타 유통재고 및 판촉용 재고의 필요량 확인 등

MPC 시스템과 수요관리

수요관리(DM)는 MPC에서 문지기 모듈의 역할로서, 시장, 다른 자매공장, 창고, 기타 내부/외부의 고객에 연결고리를 제공한다. DM을 통하여 시장으로부터 혹은 시장에 관한 정보, 예를 들면 고객수요에 대한 예측, 고객 주문의 입력, 특정 제품에 대한 소요 결정 등을 취합하는 것이다. 또한 DM을 통하여 고객에게 납기 약속을 하고 오더 상태를 확인하며, 변화에 대해 커뮤니케이션을 한다.

수요의 원천은 시장뿐 아니라 회사 내 자매 공장 간 수요, 서비스 부품, 판촉을 휘한 재고 등 내·외부 고객으로부터의 필요를 포함한다.

MPC 시스템 내에서 수요관리의 위치

DM은 <그림>과 같이 MPC의 전단부(front end)에 위치하며 시장과의 연결 기능을 제공하는 것이 핵심 기능이다. 내부 정보시스템과 시장과의 연결 기능은 고객에 정보를 제공하고, 시장 정보를 시스템이 입력하는 방식으로 이루어진다는 점에서 <그림>과 같이 양방향 화살표로 표시되어 있다. S&OP는 DM의 정보를 이용하여 제품 집단 수준의 총량으로 1년 내지 그 이상의 기

간에 걸쳐 판매 및 생산계획을 수립하는 모듈이다. 실제 수요와 수요예측 정보는 MPS 모듈로 전달되어 단기에 걸친 제품 수준의 생산 계획이 수립되며, MPS는 고객 주문과 납품약속에 대한 정보를 제공하게 된다.

MPC 시스템과 수요관리(DM)

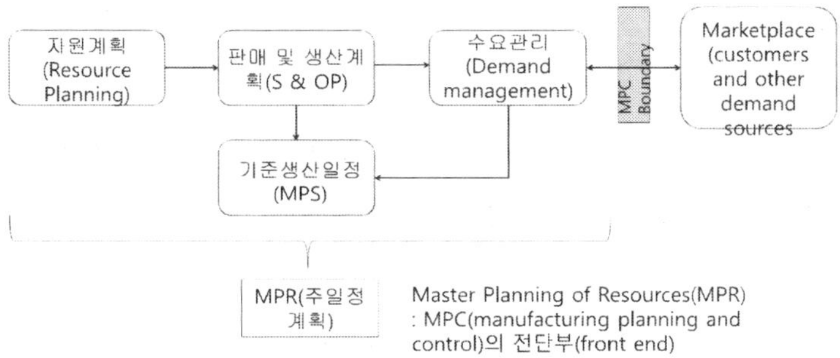

MPC 시스템 내 계획과 통제

계획은 미래 요구되는 제품 수요를 충족시키기 위해서 생산능력을 어떻게 맞추어 낼 것인가에 관한 것이다. 계획기능은 주로 S&OP부분에서 이루어진다.

회사는 실제 주문이 확정되면 계획을 실행(execute)하게 되며, 이 때 예측 오류나 기타 불가피하게 발생하는 변경에 대응하여 계획을 수정해 나가는 기능이 통제(control) 기능이다. 통제 기능은 주로 MPS를 통해 이루어진다.

제조환경에 따른 관리 상의 과제

제조환경에 따라 정보제공의 측면, 계획과 통제의 측면에서 수요관리 상의 과제에 어떤 차이가 있는지 다음 <표>에 의해 살펴 볼 수 있다. 예를 들어 MTS 환경에서 핵심적 수요관리 과제는 정보제공의 측면에서는 예측정보의 제공, 계획 기능을 위해서는 기간 별 재고수준의 추정(projected inventory level), 통제 기능을 위해서는 고객 서비스 수준의 모니터링과 요구되는 수준의 확보 등이다.

이런 식으로 아래 표를 바탕으로 ATO환경, MTO/ETO환경에서 핵심적 과제가 무엇인지 확인해 볼 수 있다.

과제	Make-to-Stock	Assemble-to-Order	Make-to-Order/ Engineer-to-Order
정보제공	예측의 제공	제품구성 관리	제품 사양 관리
계획	기간 별 재고수준의 추정	납기일 결정	설계 능력의 제공
통제	고객 서비스수준의 확보	납기 맞추기	고객 필요에 따른 생산능력 조정

<표> 제조환경에 따른 수요 관리 상의 과제

수요관리에서 요구되는 커뮤니케이션 활동

어떤 제조환경이든 수요관리는 내부적으로 또는 고객에 대해 커뮤니케이션을 하는 일이 중요한 활동 영역이다. 예를 들어 수요 예측 정보는 S&OP에 제공되어야 하며, 상세한 실제 수주 정보는 MPS에 제공되어야 한다. 그리고 제품의 가용성에 관한 정보는 고객에 제공되어야 한다. 각 제조환경 별로 요구되는 커뮤니케이션 활동이 다음 표에 제시되어 있다.

예를 들어 MTS환경에서 S&OP에 수요예측 정보가 제공되어야 하며, MPS에는 실제 수주정보를 제공해야 한다. 고객에게는 언제 재고보충이 되어 주문된 제품이 가용하게 되는지의 정보가 제공되어야 한다. 이런 식으로 아래 표를 바탕으로 ATO환경, MTO/ETO환경에서 핵심적 과제가 무엇인지 확인해 볼 수 있다.

모듈	Make-to-Stock	Assemble-to-Order	Make-to-Order/ Engineer-to-Order
SOP	수요예측정보	수요예측정보 제품집단 믹스 정보	수요예측정보, 설계 정보
MPS	실제 수요정보(수주)	믹스에 대한 예측, 실제 수요	최종 제품구성

고객	차기 재고 보충	제품구성에 관한 이슈, 납기일	설계 상황, 납기일

<표> 제조환경 별로 요구되는 커뮤니케이션 활동

고객과의 상호작용

수요관리는 고객의 주문을 변환하여 상세한 MPC활동이 되게 한다.

- Make-to-Stock: 재고 가용성과 보충
- Assemble-to-Order: 고객 요구를 납품 약속일자로 변환
- Make(Engineer)-to-Order:–고객요구를 제품 사양과 납품 약속일자로 변환

수요관리 프로세스

수요관리의 전반적인 절차는 다음과 같이 네 단계로 이루어진다.

1. 예측과 수요계획(18개월): 수요계획은 예측에서부터 시작하여, 18개월 정도를 커버하는 수요계획을 만든다. 수요계획의 핵심은 부문 간 합의를 이룬 영업-생산 계획(S&OP)이다.
2. 공급체인 파트너에 수요정보 공유: 조직 내부 및 외부의 파트너들 모두에게 수요에 관한 동일한 정보를 신속히 커뮤니케이션 한다.
3. 고객에 영향 주기: 제품 관리, 브랜드 관리, 마케팅 측

면에서 회사의 제품과 서비스를 구매하도록 준다.

4. 수요를 관리하고 우선순위를 결정 – 시스템적 관점에서 최적의 결과를 얻으려면 어떤 것을 우선해야 하는가 의사결정을 한다.

수요에 대한 관리와 우선순위 결정

수요관리 프로세스의 네 번째 단계는 시스템적인 관점에서 조직 및 공급체인 전체를 넓게 보는 것이다. 그러기 위해서 다음과 같은 활동들이 고려되어야 한다.

- 이익과 서비스 최적화를 위한 정책
- 고객 가치에 따른 우선순위
- 배급주기, 대기, 대체
- 재고 부족품을 중앙창고에 가능한 만큼 오래 간직하기
- 과 공급을 줄이기 위한 타임펜스
- 공급과 수요를 통해 고객오더를 평가함
- 영업사원이 아니라 경영자가 우선순위 결정
- 가능하면 모든 수요를 충족시키고 이익에 공헌할 것

월별 S&OP 절차

주로 월별로 이루어지는 S&OP 절차는 다음과 같이 5 단계로 구성된다.

- 1 단계: 판매예측 정보 취합 – 실판매, 재고 또는 수주잔고(backlog), 생산 실적은 직전에 지난 월말 기준으로

갱신한다. 신규 수요예측에 사용된 판매, 마케팅 데이터를 생성한다. 판매와 마케팅 부서에 정보를 전달한다.

- 2단계: 수요계획 단계 – 수요계획에 대한 경영자 예측을 만드는 단계이다. 1 단계에서 얻은 정보를 점검하고 분석하고 논의하여, 전체 계획 기간에 걸친 새로운 예측 데이터를 만든다. 이전 단계에서 넘어 온 판매 및 마케팅 계획을 검토한 후 통계적 수요예측을 실시하고, 그 결과를 여러 상황(신제품 계획, 판촉 계획, 가격 결정의 변경 등)에 비추어 조정한다.
- 3단계: 공급계획 수립 - 자원의 가용성을 고려한 예비적 생산계획을 준비한다. 부서 별 운영 대표자들은 2 단계에서의 산출물인 계획 구간내의 개정된 수요예측을 점검하며, 이전의 생산 계획에서 무엇이 변화되어야 하는지 알기 위해 현재의 모든 생산 계획을 점검한다. 만약 이전 계획과 변화가 거의 없거나 조금의 변화만 있다면 계획을 변경할 이유는 없지만, 영업 예측, 재고 수준, 또는 고객 주문잔고의 크기가 변경되었다면 계획은 갱신되어야 한다. 공급 계획 단계에서 갱신된 운영계획은 자원 계획을 사용해 자원 공급 가능성을 확인해야 하며, 이 단계의 결과는 예비적 S&OP 회의로 전달된다.
- 4단계: 예비적 S&OP 회의 – 사전 영업/운영 계획 회의의 목적은 공급 및 수요의 균형에 대한 결정, 문제와

차이점을 해결하여 단일 권고 안을 영업/운영 계획 회의에 전달, 단일 권고 안을 만들 수 없는 영역을 규명하고, 상황 및 지원 자료가 영업/운영 계획 회의에 어떻게 제시될 것인지를 결정하며, 문제 해결책이 다른 영역에 끼치는 영향을 보여주는 시나리오를 개발하는 일이다.

- 5단계: S&OP 결정 임원 회의 - 예비적 S&OP에 대하여 수정 또는 승인에 대한 의사결정을 한다. 이 때 고려되는 사항은 예비적 S&OP팀에서 합의하지 못한 제품 집단에 관한 이슈, 조달이나 기간 별 생산량의 큰 변화, 고객 서비스 수준 등 정책 상의 변화 등이다.

우선순위의 통제: 기준 일정계획

협력적 S&OP가 결정되면 특정 제품의 생산에 대한 일정으로서 MPS를 수립하는 프로세스가 수행된다. 제품 집단 별로 계획된 S&OP를 분해하여 MPS에서는 특정제품 별 계획을 수립한다. 제품을 특정제품으로 분해하는 것과 함께 MPS는 월 별로 작성된 S&OP를 주별 계획으로 작성한다.

기준생산일정 수립과정을 통하여 다음과 같은 정보가 산출된다.

- 특정 제품의 구성, 일정, 수량이 확정되어 있는 일정으로서 여타 계획의 기준이 되는 일정(기준생산일정, MPS)을 산출한다.

- 예측생산 제품의 경우(MTS)는 예상 재고수준(projected available balance: PAB)을, 주문생산

제품인 경우(MTO, ATO, ETO 등)는 예상 주문잔고(projected backlog)를 기간 별로 산출하게 하는 기준이 된다.

- 추가로 요구되는 자재, 노동력 등 작업장 별로 요구되는 생산능력을 산출하게 하는 기준이 된다.
- 고객이나 유통망에 납품 및 인도약속을 하는 약속가용량 정보(available-to-promise : ATP)를 제공한다.

MPS 계획을 위한 그리드(Grid)

아래 <그림>에서 행(rows)은 공급과 수요 정보를 나타내고, 열(columns)은 기간(또는 버킷, bucket)을 나타내는 전형적인 MPS의 형식을 보여주고 있다.

품목: 78100 **수요 타임 펜스: 3**

품명: Commercial Generator Unit **계획 타임 펜스: 8**

Lot Size: 50 현 재고: 50 **리드 타임: 2 주**

Period	1	2	3	4	5	6	7	8	9
Forecasted Sales	20	22	21	25	24	23	21	21	25
Customer Orders	19	17	15	11	9	5	2	1	0
Projected Avail. Balance 50									
Available-to-Promise									
Master Production Schedule									

<그림> MPS 그리드

각 제품에 대한 일정 계획은 정해진 계획기간(time horizon)에 대해 수립되며, 계획기간은 누적 소요기간이 가장 긴 품목의 리드 타임 이상이 되도록 해야 한다. 기준생산일정은 시간이 지남에 따라 현재기간(action bucket)이 과거가 되고, 새로운 기간이 계획구간의 마지막에 추가되는 식의 롤링(rolling) 계획이다.

주 일정 계획의 행은 다음과 같다.

- 예측 수요 – 특정 기간의 제품에 대한 예상수요.
- 고객 주문 – 선적 예정인 제품의 주문잔고. 이 수요는 확정된 것이며, 수요 타임펜스 내에서는 영업 예측에 우선하여 확정된 주문이 사용되어야 한다.
- 예상 가용재고(PAB) – 미래에 예상되는 재고. 이것은 현 재고 또는 예상 재고에서 수요를 빼고 공급을 더한 것이며, 계획 타임펜스 내에서 음의 값이 발생하면 주 일정 계획 담당자는 공급 수량(MPS)을 계획 해야 한다.
- 약속가능재고(ATP) – 고객 주문에 납기를 약속할 수 있도록 기준생산일정에 유지되는 할당되지 않은 재고와 생산계획량. 첫 번째 기간의 약속가능재고는 현 재고 및 1 주차 MPS 중에서 차기 MPS가 있는 전 기까지의 고객주문으로 배정되고도 남은 재고이며, 그 이후 기간의 ATP는 MPS주문 입고를 새로운 재고로 보고 같은 방식으로 차기 MPS 이전 기까지의 주문량을 할당하고 남은 재고로 계산된다.

- MPS 수량 – 예상가용재고가 음이거나 안전재고보다 적을 때 MPS 수량이 계획되어야 하며, 이 수량은 자재소요계획과 같이 더 낮은 수준의 세부 계획에 총소요량으로 전개되어 반영된다.

자재소요량계획

MRP의 목적은 기준생산일정을 만족시키기 위해 필요한 부품이 무엇인가를 결정하고, 리드타임을 이용하여 구성 부품이 언제 필요한지 결정하는 것이다. MRP는 구체적으로 다음과 같은 기능을 수행한다.

- 무엇을 주문해야 하는가?
- 얼마나 주문해야 하는가?
- 언제 주문해야 하며, 언제까지 완료되어야 하는가?

<그림>은 생산계획과 통제 시스템 내에서 MRP의 위치를 보이고 있다.

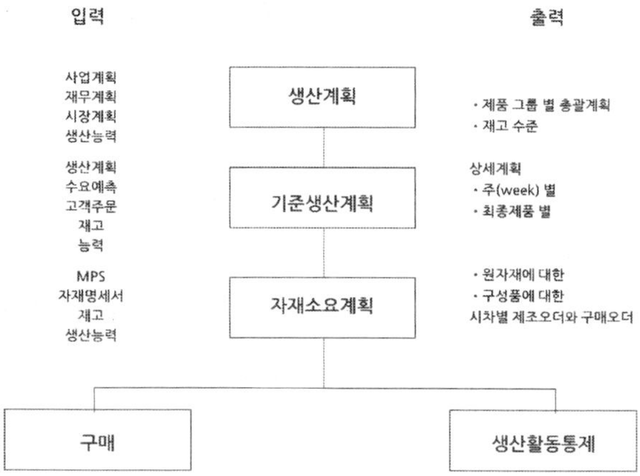

생산계획과 통제 시스템

<그림> MPC내에서 MRP시스템의 위치

MRP는 기준생산일정(MPS)가 확정된 후, MPS를 위해 요구되는 구성품(components)의 소요량을 계산하는 것이다. 즉 MRP를 구동시키는 원천은 MPS다. 나아가 MRP의 결과는 생산활동통제(production activity control: PAC)와 구매(purchasing)의 입력 자료가 되어 이들을 구동하는 역할을 한다.

MRP시스템에의 입력자료는 기준생산일정(MPS), 자재명세서(bill of material, BOM, 부품표), 그리고 재고기록 정보(inventory record)의 세 가지가 있다.

1) 기준생산일정(MPS)

MRP시스템을 운영하는 데 우선 필요한 것이 기준생산일정(MPS)이다. MRP는 MPS로부터 생산해야 할 최종제품(end items) 별 수량과 생산일정(언제까지 완료되어야 하는가?)을 얻는다.

2) 제품구조 파일(product structure) 또는 부품표/자재명세표 (bills of material, BOM)

부품표에는 한 단위의 상위 품목을 생산하는 데 요구되는 구성품 목록과 각각의 수량이 기술되어 있다.

3) 재고기록(inventory record)

이렇게 소요량이 산출되는 과정에서 실제 추가로 필요한 소요량(순소요량)은 산출된 소요량(총소요량)에서 현재 재고로 가지고 있는 양을 차감해야 하기 때문에 재고기록이 필요하게 된다.

재고계획

앞에 살펴본 자재소요계획은 부품, 중간제품 수준의 소요량을 산출하는 것이었다. 이렇게 산출된 계획 중 외부에서 조달해야 하는 품목들은 구매부서를 통해 조달물류에 의해 회사의 부품 창고로 입고될 것이다.

제품 내지 제품 집단에 대한 총괄계획 수준으로 다시 돌아가서 필요한 계획에는 S&OP와 함께 제품계획과 유통소요계획이 있다.

산출률과 재고계획

판매 및 생산계획(S&OP)의 목적은 회사의 생산능력(자원) 한도

내에서 적정한 재고수준을 유지하고, 또한 고객의 수요에 대처할 수 있는 적정한 산출률(rate of output)을 제시하고자 하는 것이다. 판매 및 생산계획 수립 시 의사결정의 주된 조정간은, 시장생산인 경우는 재고수준이며, 주문생산인 경우는 고객의 주문잔고(backlog)가 된다. 회사의 입장에서 볼 때, 고객으로부터의 수요는 단기적으로는 외적 요소이므로 주어진 정보로 보고, 여기에 회사의 주요 자원에 대한 제약이나 재고정책(주문생산 시 주문잔고 정책)을 반영하여 월별 생산량(산출률)을 정한다.

A 제품그룹에 대한 수요예측 단위: 1,000 ea

월(month)	1월	2월	3월	4월	5월	6월	7월	8월	9월	10월	11월	12월
수요예측	16	18	16	19	21	25	24	24	25	29	48	48

재고 계획

기초재고는 없으며(0), 매 분기 말 기준 재고목표는 다음과 같다.

1/4 분기 말 : 10,000 단위 2/4 분기 말 : 20,000 단위

3/4 분기 말 : 40,000 단위 4/4 분기 말 : 20,000 단위

A 제품그룹에 대한 판매 및 생산계획 단위: 1,000 ea

월(month)		1월	2월	3월	4월	5월	6월	7월	8월	9월	10월	11월	12월	계
수요예측(SP)		16	18	16	19	21	25	24	24	25	29	48	48	313
생산계획(PP)		20	20	20	25	25	25	31	31	31	35	35	35	333
재고계획(IP)	0	4	6	10	16	20	20	27	34	40	46	33	20	

<그림> 판매 및 생산계획의 예

판매 및 생산계획이 회사의 정책을 반영하는 모습을 우선 이해하기 위해서, 생산계획을 수립하는 간단한 예를 보자. <그림>에

서 일정 기간의 생산계획 수량은 다음과 같이 계산된다.

생산계획(PP) = 수요예측(SP) + 재고계획(IP) 증가분

이 식에 의해서 1/4 분기의 생산계획 PP_1 을 구하면,

$PP_1 = (16 + 18 + 16) + (10 - 0) = 60$

따라서 1/4 분기의 월별 산출률(생산계획)은 20 단위가 된다.

위의 예에서 만약 생산방식이 스톡생산(make-to-stock)이 아니라 주문생산(make-to-order)이라면 일정기간의 생산계획 수량은 다음과 같이 계산될 것이다.

생산계획(PP) = 수요예측(SP) - 미납주문(backlog) 증가분

이 예제에서 핵심은 회사의 S&OP와 재고계획은 상호 연결된 상위의 계획이라는 점이다.

유통소요계획

유통소요계획(DRP)은 다음과 같은 기능을 수행한다.

- DC 로부터 재 공급요구 접수
- 중앙 창고 공급/생산 계획 수립
- 순소요량 계산
- 계획오더 권고내역 산출
- 예외 메시지
- MPS에 인풋

유통소요계획(distribution requirements planning: DRP)은 전체 유통망의 재고를 통합관리하는 틀을 제공한다. 유통소요계획은 자재소요계획의 계산 로직을 그대로 유통망에 적용함으로써 발주점 방식에서 불가능했던 밀기(push) 방식의 통합관리의 효과를 얻을 수 있게 한다. 이와 같이 유통소요계획은 밀기 생산시스템의 장점인 전방향 계획기능(forward scheduling)에는 유용한 반면, 수요의 변화와 무관하게 작업 또는 출하 오더가 발급되는 등 실행의 조정에 약점이 있다.

<그림>은 유통소요계획의 원리를 보이고 있는데, 이 회사의 경우 중부 물류센터(distribution center) 밑에 네 군데의 지역 물류센터가 있어서, 사체의 새고수준을 보고 발주해야 할 때가 되면 중부 물류센터에 보충발주를 한다. 이렇게 공급체인 네트워크의 구조를 데이터베이스로 구성한 것을 유통망구성표(bill of distribution: BOD)라 한다.

유통망구성표(Bill of Distribution)

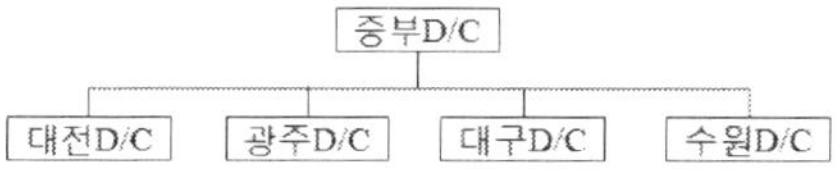

DRP 데이터

현 재고 : 500
안전재고 : 200
리드타임 : 2주
오더수량 : 300

Color TV 29"(광주D/C)

		주(Week)							
	Past Due	1	2	3	4	5	6	7	8
수요예측		100	120	90	110	120	100	80	120
수송중 재고									
기간 별 예측재고	500	400	280	190/490	380	260	460	380	260
보충주문량 : 입고일				300			300		
보충주문량 : 주문일		300			300				

DRP 데이터 구조와 유통망소요계획의 원리

<그림> 유통소요계획의 예

<그림>에 예시되어 있듯이, 광주 물류센터(DC)의 유통망수요가 계산되어 있다. 광주물류센터의 재고는 초기에 500 단위인데 이 수량은 매주 수요예측 수량만큼씩 차감되면서 기간별 예상재고 수량은 점차 줄어 든다. 이 수량이 안전재고수량보다 적어지는 시점이 생기는데, 그 시점에 맞추어 보충재고가 도착하면 문제가 없을 것이다. 3주차의 기초 예상재고는 190단위인데 이 수량은 안전재고(200단위)보다 낮은 수준이다. 따라서 3주차에 보충주문이 입고되도록 계획하면 되는데, 안전재고수준을 맞추려면 10단위만큼만 보충하면 되지만 보충주문의 경제성을 고려한 일회 주문량이 정해져 있는 경우가 많다. 이런 경우는 꼭 필요한 수량을 충족시키면서 일회 주문량의 배수가 되도록 주문한다. 위 예에서는 300단위가 입고되도록 계획하면 된다. 주문의 착수시점은 보충 리드타임 2주만큼 선행하여 1주차에 중부 물류센터로 보충주문을 하게 된다. 이상 설명한 대로 시점 별로 소요량을 산출하여 보충발주를 산출하는 방식은 자재소요계획(MRP)의 로직과 매우 유사하다.

이와 똑 같은 로직이 다른 물류센터에서도 적용되어 모든 물류센터의 기간 별 예상재고와 중앙 물류센터에 청구될 보충발주량이 구해진다. 그리고 나서 각 지역 물류센터의 주문내역이 기간별로 합쳐지면 이것은 중앙 물류센터가 전체적으로 공급해야 할 총 물량이 된다. 이런 식으로 다음 <그림>과 같이 전체 유통망의 수요가 관리된다. 이 경우, 중앙 물류센터의 입장에서는 전국의 수요에 대해서 언제 몇 단위의 제품이 소요될 것인지 미리

총괄적으로 파악할 수 있으며, 더 나아가 이 수량을 공장의 기준생산일정에 연결하여 미리 대비할 수 있게 할 수 있다.
DRP에서 고객서비스를 높이기 위해 수요의 불확실성을 대비하여 안전재고를 설정하기도 한다.

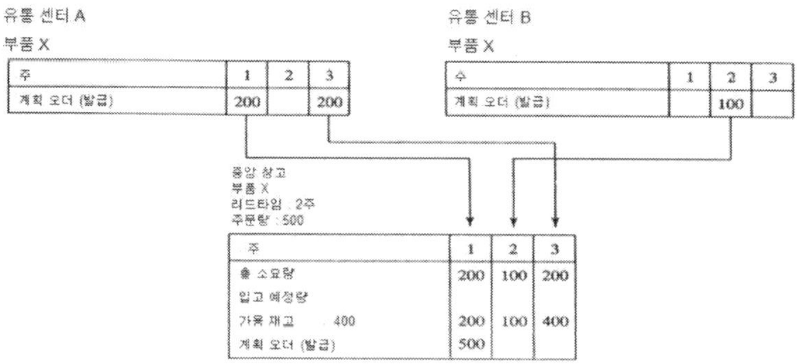

유통망 소요계획(DRP)

<그림> 중앙 물류센터의 총 소요량

유통망 소요계획은 유통망과 공장과의 상호 작용을 할 수 있게 하여 일정 상의 문제를 해결하고, 고객에 대한 서비스 수준을 향상하며, 수송 및 자재 처리 비용을 최소화할 수 있게 한다.
종래의 발주점 방식은 각 유통 센터가 독립적으로 발수함으로써 공장 일정에 혼란을 가져 왔던 데 비해 유통망 소요계획은 중앙의 공급시스템에서 통합된 수요 계획을 함으로써 지역 고객의 수요에 대응하면서 계획과 통제를 협업시킬 수 있다.

소싱과 조달

조달 프로세스

조달 절차는 조달 부서가 조직의 목적을 숙지하는 데서 출발한다. 이는 경우에 따라서 린 물류를 추구하는 조직 목적을 위해서는 다소 비싼 조달이 이루어질 수도 있음을 뜻한다. 조달 절차는 다음과 같은 단계로 이루어져 있다.

1) 직접 및 간접 원재료 소요량을 확인함
2) 가격, 수량, 기능 및 미적 기준을 명시함
3) 현재의 공급자를 평가하고 미래의 공급자를 발굴함
4) 가격과 서비스 수준을 협상함
5) 계약 문구와 조건을 검토하고 계약에 서명함
6) 구매 오더(PO)를 발급함
7) 인도 상황을 모니터링 및 통제하고 피드백을 제공함
8) 상품을 입고, 수령하고 송장 금액을 지불함
9) 가치 대비 원가를 검토하고 지속적으로 개선함

구매전략

조달은 조직구조 상 사장, 임원 또는 담당자 선의 의사결정이 모두 필요하다. 즉 집권적으로 해야 할 의사결정이 있고 분권적으로 처리되어야 할 일이 있다.

사용 분석(spend analysis)은 무엇이 어느 공급자로부터 어떤 원가에 조달되었는지 분석하고 대안을 모색하는 것이다. 필요 시 통합 구매를 통해 가격을 낮출 수 있는지 현재안과 대안을 비교

해서 개선책을 찾아야 한다.

조달에서는 자작-외주 의사결정이 중요하다. 일반적인 논리는 핵심역량에 해당하는 것은 가능하면 자작의 가능성을 모색해 보아야 한다. 이때 상대적인 가치와 위험을 함께 고려해야 한다.

전략적 소싱은 공급자와 장기적인 관계를 증진하면서 협력적인 구매가 가능하도록 소싱하고 핵심 공급자를 선정하는 업무 전반을 말한다. 전략적 소싱은 높은 신뢰성과 낮은 변동성을 추구한다. 동시에 총비용 관점에서 비용적 측면도 함께 고려되어야 한다. 가능하다면 단일 혹은 유일한 공급자보다는 복수의 공급자를 선정하여 공급처를 다각화하여 위험을 줄일 수 있다.

공급자 선정

공급자를 선정하는 일은 조달업무의 핵심적 과제이다. 어떤 업체는 가격은 좀 낮지만 결점이 숨겨져 있을 수도 있다.

공급자 선정은 잠재적인 공급자 찾기, 평가 기준에 의한 업체 선정, RFP/ITT 발급(request for proposal/invitations to tender), 후보자 서열화와 최종 선택, 협상의 순서로 진행된다.

계약 형태

계약 형태는 어느 파트너가 위험부담을 더 지는지에 관해 큰 영향을 미치기 때문에, 몇 가지 표준 중에서 선택한 후 이것을 회사의 형편에 맞게 조정하는 것이 좋다. 구매계약의 형태에는 다음과 같은 유형이 있다.

- 비용 기반 방식 - 원가 플러스 고정 수수료 방식, 원가

플러스 인센티브 수수료 방식

- 고정 가격 방식 - 확정 고정가격 방식, 고정가격 플러스 인센티브 수수료 방식
- 인센티브 방식 - 비용 절감부분 또는 비용 책임을 공유함, 보상 등급 방식

계약서 – 조항과 조건

마지막으로 구매계약을 통해 일반적인 책임이 계약 조항들로 명시되어야 한다. 이들 조항에 대해서는 회사의 법률 담당자에 의해 검토된 후 조인해야 한다. 다음은 일반적으로 포함되어야 하는 통상적인 계약 조항들이다.

- 선의(good faith)
- 기간, 범위, 지역(term, scope, and territory)
- 법인(corporate account)
- 단가, 부품의 가격, 인상 방법 등
- 날짜, 장소, 오더 발급 및 제품 보호 조건
- 인코텀 조건(FOB, CIF 등)
- 화폐 종류, 타이밍 등
- 성과기준(Performance criteria) - 예: ISO 등
- 품질보증 방법(quality assurance)
- 오더 조건(order requirements) - 예: +/- 3일
- 인센티브와 벌칙(incentives and penalties) - 예: 30일 지연 시 계약종료 가능
- 현황 보고(status reporting) 방법 – 예)인터넷 포털 이

용

- 중재 기관(resolution channels)
- 보안, 지적재산, 비공개 의무(security, IP, nondisclosure)
- 사용언어, 관할 법원(language, legal authority)
- 종결 방법(termination)

제 5 장 고객과 주문관리

학습목표

1. 고객관계관리(CRM)의 주요 내용을 소개할 수 있다.
2. 주문관리의 상세 내용을 설명할 수 있다.
3. 고객 서비스의 관리의 내용과 성과측정 방법에 대해 설명할 수 있다.

고객관계관리

고객관계관리란?

고객관계관리(customer relationship management, CRM)란 고객을 최상위에 두는 마케팅 철학이다. 일반론으로 말하자면 높은 수준의 고객 서비스 수준을 유지해야 오더를 획득할 수 있게 된다.

고객만족을 위해서는 고객과의 거래 전, 거래 중, 거래 후의 각 시점 별로 관리해야 할 수 많은 서비스 변수들이 있다. 다음은 각 관리 변수에 대해 고객과 이루어지는 커뮤니케이션의 내용과 그 목표들이다.

거래 전 - 고객 서비스 정책, 고객 문의나 문제에 응답함

- 고객의 기대 결정
- 문서화된 고객서비스 정책
- 고객 친화적 오더 접수 절차

거래 중 - 오더 사이클, 오더 프로세싱, 재고 넷팅, 인도 신뢰성, 제품 조건, 인도 대안, 인도 시간, 오더 상태 등

- 신뢰성, 일관성, 전문성 있는 고객 서비스
- 고객의 질문과 관심에 대비

거래 후 - 후속조처의 품질, 인보이스 절차, 제품 하자 등에 대한 대응

- 품질에 대한 follow-up
- 즉시/정확한 발송 프로세스
- 커뮤니케이션은 핵심

평생고객

CRM은 고객만족을 추구하되 고객의 특성 별로 차별화된 서비스를 설계할 것을 지향한다. 어느 기업의 입장에서 충성도가 큰 평생고객은 많은 이점이 있다. 이런 고객은 적은 비용으로 지속적으로 큰 매출을 일으키고 이익 공헌도가 높다. 반면에 늘 변덕스럽고 까다롭기만 하며 이익에 기여도가 낮은 고객도 있다. 따라서 고객을 분류하여 회사의 입장에서 최고고객이 어떤 거래처인지 알 수 있어야 한다.

만약 고객이 연중 회사에 기여하는 공헌 이익을 측정한다면 다음과 같은 식이 될 수 있을 것이다.

연간 총 이익 − (송장 수 × 송장 별 평균 비용)

이 값은 생애고객가치(lifetime customer value: LCV)를 산출하

는 기준이 된다. 회사는 고객 별로 이런 지표를 계산함으로써 어떤 고객이 최고고객인지 분류할 수 있고, LCV 별로 상, 중, 하 그룹으로 분류함으로써 고객의 그룹 별로 맞춤형 서비스를 정의할 수 있다. 예를 들어, 최상위 고객이라면 적어도 다음과 같은 질문에 최상의 서비스를 기대할 것으로 가정할 수 있다.

- 커뮤니케이션: 주문하기 쉬운가?, 연락과 질문이 용이?
- 시간: 약속 날짜에 오더가 충족되는가?
- 납기이행: 납기일 보증 되는가?, 오더가 제 날짜에 완전하게 도착하는가?
- 신축성: 고객의 변화요구가 받아들여지는가?, 변화요구가 적시에 응답 되는가?

CRM 절차

1 단계 – 고객을 수익성 기준으로 정렬하여 최상위 고객층부터 순서대로 분류한다.

2 단계 – 각 고객층에 따라 서비스 수준을 결정한다.

- 세그멘트 별 가치 파악
- 서비스 구성부분 파악
- 세그멘트 별 고객 서비스 요소 순서화
- 벤치마킹 및 갭 분석
- 서비스 패키지 설계
- 서비스 수준에 대한 성과측정 목표 설정
- 모니터링과 통제

3 단계 – 프로세스의 실행

4단계 - 성과 측정
5단계 - 지속적 개선

주문관리

물류에서 고객의 기대를 만족시키는 일은 고객의 오더를 성실하고 일관성 있게 충족시키는 데서 출발한다.
그런데 주문(order)은 고객으로부터 오는 주문뿐 아니라 자사가 고객이 되어 공급자에게 주문을 하는 것, 그리고 회사 내 주문도 포함할 수 있으므로 주문관리는 구매/제조/고객 오더의 세 영역에서 발생한다.

- 구매오더(인바운드 오더) - 오더 발급, 모니터링, 입고, 지불
- 제조오더(인트라 오더) - 오더 발급, 라우팅, 생산, 모니터링, 입고 또는 완제품 저장
- 고객 오더(아웃바운드 오더) - 오더 약속, 오더 기입, 오더 피킹, 포장 및 선적, 청구, 계정관리

인바운드 주문관리

인바운드 오더란 공급자 또는 납품업자로부터 원재료를 자사의 생산 창고로 이동하는 일을 책임지고 있는 부서 혹은 그 일 자체를 말한다.
실무에서는 조달 또는 구매 업무에 의해 인바운드 오더가 발급되며, 업무의 전반적인 흐름은 다음과 같다.

- 계획수립 → 구매업무 → 재고통제 → 운송관리 → 입고처리 → 입고검사 → 역물류 업무

공급자관계 관리

인바운드 주문관리를 위해서 공급자와의 장기적인 관계를 조성해야 하는데, 이를 위해 공급자 관계 관리(supplier relationship management: SRM)를 체계화 해야 한다.

SRM의 목적

- 제품 흐름 – 공급자로부터 최종고객에 이르기까지 물적 이동의 속도를 높임
- 서비스 흐름 – 프로세스 혁신을 통해 생산성 증진, 원가 낮추기, 새로운 부가가치 창출
- 정보 흐름 – 채널의 상·하류를 관통하는 정보의 흐름에 불필요한 요소를 제거함

SRM은 공급자와의 강한 협력관계를 만드는 것이다. SRM을 통해서 달성하고자 하는 이점은 다음과 같다.

- 물품과 서비스의 흐름에 중단이 발생하지 않음
- 원재료와 부품에 경쟁적인 가격을 책정함
- 공급자를 우선 선별하는 능력이 생김

인바운드 주문관리 절차

인바운드 주문관리의 절차는 다음과 같다.

- 조달: 구매오더 발급 → 작업오더(work order) 산출 → 물류부서: 출하 오더(shipping order) → P.O. 상태 모니터링 → P.O. 입고 및 자재 검수 → 오더 마감

여기서 Work order는 - 활동, 제품에 대한 일을 시작하라는 오더로서 회사 내 실무를 지시하는 오더를 말한다.

인바운드 주문관리의 주요 도구들

인바운드 주문관리의 도구 중 라우팅 가이드(routing guide)는 두 지점 간의 물류 활동을 관리하는 데 이용되는 Shipping tool이다. 라우팅 가이드의 주된 내용은 수송모드와 수송차량 정보, 운임 요율, 서비스 요구조건(수송수단, 납품 리드타임, 포장, 팔레트) 등이다.

선행 선적통지(advance ship notice) 는 다음과 같은 내용을 포함하며, 선전적일 전에 EDI 등으로 선행 전달된다.

- 수취인에게 화물의 도착 시간을 제공하여 계획하게 함
- 수취인에게 물품 인도를 준비할 시간을 줌
- 수취인이 선적물을 재배치할 수 있게 함
- 오더 보충 상의 불확실성을 줄임

주문 접수증(order receipt) 은 다음과 같은 내용을 포함한다.

- 품목들이 주문된 대로 있는가
- 수량이 서류와 맞는가
- 품질 표준에 맞는가

- 손상되지 않았는가
- 적절히 보관/선적되었는가
- 품목들이 좋은 상태인가
- 도착 시간이 주문대로 맞는가

주문이 적시에 도착하도록 하기 위해서는 주문 상태를 모니터링 하기 위해 다음과 같은 수단들이 이용된다.

- 오더 트래킹(order tracking) - 오더가 된 고객 오더가 물리적으로 어느 위치에 있는지 알 수 있게 하는 능력, 공급체인 상의 사건 관리기능(event management)에 의함
- 오더 가시성(order visibility) - 전산화된 시스템이나 플랫폼을 써서 고객 오더를 실시간으로 찾고 확인해 볼 수 있는 능력, 구매 오더, 품목, 포장상자 등 SKU 상태를 알려 줌

공급자 성과 추적과 측정

인바운드 주문관리가 잘되고 있는지 확인하고 개선책을 강구하기 위해 평소에 성과측정이 이루어져야 한다.

효과적인 성과측정 시스템

- 프로세스를 표준화 함
- 협력의 촉진과 강화
- 모든 공급자 성과를 추적

- 주요 성과측정 활동을 자동화함

통상적인 측정지표

- 리드타임 단축
- 품질
- 기준치에 대비한 가격 인덱스
- 인도 일자 관련
- 구매자의 변경에 대한 응답성
- 수량 일치도

내부오더의 관리

인바운드 로지스틱스에 의해 입고된 자재는 회사 내 생산 공정에 전달되어 제품화 된다. 그러려면 필요한 시간과 장소로 재고를 이동하여 최종 고객에의 인도 납기에 맞게 위치시켜야 한다. 제조 및 조립 공장, 창고, 또는 소매 창고 간 물품의 이동은 내부오더(intracompany orders)를 발급하여 관리한다. 내부오더에는 다음과 같은 유형들이 있다.

- 제조나 조립 공장에 원재료 또는 재공품을 공급
- 회사내 내부 고객의 오더
- 회사내 매출 오더
- 추가적인 외부 변환작업이 필요한 경우의 Transfer orders

아웃바운드 주문관리

아웃바운드 로지스틱스는 제품이 완성된 후 고객이 접수할 때까지의 수송과 보관활동을 말한다. 특히 아웃바운드 주문관리에서는 오더의 현금화(수금)가 중요한 요소이다.

오더 사이클의 단계

로지스틱스 측면에서 중요시 되는 오더 사이클의 내용은 다음과 같다.

- 단계 1: 오더 접수 - 고객 주문의 입력부터 판매자 접수까지
- 단계 2: 오더 처리 - 고객 주문을 사무처리하여 선적 또는 생산 착수토록 하는 활동
- 단계 3: 오더 피킹(picking)과 포장 - 요구되는 수량을 피킹해서 포장 장소로 넘김
- 단계 4: 오더 납품 - 수송수단을 픽업(pickup)하여 물건을 고객에 인도함

오더 처리단계

위 단계 2 오더 처리에서 이루어지는 일은 다음과 같다.

- 오더 견적, 오더 발급, 시스템에 입력, 납기와 재고 할당, 수송을 위한 통합과 창고 피킹, 계획/생산, 선적 라우팅, 라우팅 가이드 보고, 운송편 수배, 오더 피킹과 포장, 인도, 송장 발급과 수금

오더 대응채널

고객의 오더를 충족시키기 위해 유통 채널의 기능을 다양하게 설계할 수 있다. 오더 대응채널(fulfillment channels)의 유형에는 다음과 같은 것들 것 있다.

- 직접배송 채널(direct delivery): 공장 창고에서 직접 배송 - 오더는 다양한 판매 채널에서 접수하되 출하는 공장에서 직접 수행함
- Drop ship: 대리점이나 소매업자가 고객의 주문을 받고 배송은 공장 창고로부터 직접 이루어지는 형태이다. 고가품 주문에 대해 지연생산(postponement)을 할 때 이 방식이 적합함
- 제조-DC-소매점 형태: 채널 중간상들은 대개 독립 사업자이고 DC는 직영으로 운영되는 형태이다. DC는 분할배송(breakbulk) 업무를 할 경우가 많다.
- 다품종 채널을 갖는 독립 대리점: 채널 마스터, 국지 대리점으로 구성되어 수많은 고객층에 서비스하는 형태
- e-비즈니스 네트워크를 갖는 독립 양판점: 알리바바, 아마존이 이런 모델에 속한다.

고객 서비스 관리

고객서비스 관리(customer service management, CSM)는 고객의 필요, 질의, 요청을 알고, 제품을 고객이 지정하는 시간에 인도하는 능력을 관리한다.

고객서비스관리의 요소

고객 서비스를 지속적으로 향상시키기 위해서는 평판, 접근용이성, 고객에 대한 지식, 응답성, 정보제공능력, 비밀유지, 처리 능력, 충직성과 일관성, 정확성 등이 성과측정에 의해 관리되어야 한다.

CSM 전략 개발

로지스틱스는 전략적인 투자를 통해 회사가 정한 서비스 목표를 달성해야 한다. 이때 투자되는 비용이 타당해야 한다. 효과적인 고객 서비스 전략을 개발하기 위해서 로지스틱스 부문은 다음과 같은 절차를 수행해야 한다.

- 현재의 고객관계를 분석함
- 고객의 기대와 선호를 조사함
- 경쟁기업과의 비교, 벤치마킹 수행
- 서비스 특성 중 강점과 약점을 찾아 냄
- 서비스 대비 요구되는 비용의 비율 계산
- 개선도구 선정
- 전략의 실행
- 고객서비스 성과를 측정함

실행전략

앞의 CSM 전략 개발에서 실행단계에 초점을 맞추어야 할 니드는 고객, 채널 참여자, 고객, 그리고 주주의 네 영역으로 구분된다.

- 고객 – 고객은 어떤 부가가치적 서비스를 요구하는가, 그리고 어떤 커뮤니케이션을 원하는가?
- 채널 참여자 - 채널 참여자와의 전략적 관계를 통해 경쟁력 있는 조달 가격을 유지할 수 있다. 공급자관계 프로그램을 통해 공생적 Give-and-take 관계를 만들어야 한다.
- 종업원 – 종업원은 내부 고객으로서 지속적인 개선을 통해 일의 흐름을 막힘 없이 흐르게 하는 역할을 수행한다.
- 주주 – 주주의 관심은 지속적으로 고객의 충성도를 유지하되 투자에 대한 수익률이 타당해야 한다는 점이다.

영업/마케팅/기술지원팀의 지원

영업/마케팅 팀의 지원

CSM 업무에는 고객 접촉팀, 고객 서비스 정책, 제품에 대한 응급조치 요령 등 영업/마케팅 팀의 지원이 필요하다.

- 고객 접촉팀 – 고객의 구매가 이루어지려면 고객 접촉팀과의 신뢰성 있는 커뮤니케이션이 이루어져야 한다.
- 고객 서비스 정책 – 명시적으로 정해진 고객 서비스 정책이 있어야만 영업/마케팅 팀은 고객 서비스 활동을 수행하는데 요구되는 가이드라인을 알 수 있게 된다.
- 응급조치 요령 – 영업/마케팅 팀에서는 제품에 대한 응급조치 요령을 미리 만들어서 고객에 커뮤니케이션 할 수 있도록 조치해야 한다.

기술지원팀의 지원

기술지원팀은 제품을 판매한 후 고객이 제품이나 서비스를 제대로 이용할 수 있게 하거나 기술적 문제해결을 돕는 일로서, 제품 리콜(recall), 부품의 교체, 클레임과 반품, 수리, 설치, 보증업무 등 후속 지원기능을 수행한다.

고객서비스를 위한 성과측정

로지스틱스 전략이 일상의 업무 중에 계획된 대로 잘 수행되고 있는지 알려면 성과측정을 해야 한다. 고객서비스 측면에서 중요시 되는 척도에는 다음과 같은 것들이 있다.

고객서비스 충족률 척도

고객의 주문에 대비하여 인도 성과가 어느 정도인지 보여주는 척도들로서 단위 충족률, 라인 품목별 충족률, 오더 건 당 충족률, SKU 별 충족률, 금액 충족률 등이 있다. 이와 유사한 지표로서 충족률과 관계가 큰 결품률을 측정할 수도 있다.

리드타임 모니터링 척도

리드타임 모니터링에 관련된 척도로서는 다음과 같은 것들이 관리되어야 한다.

- 속도 – 대개 사이클 타임으로 측정하는데, 오더 사이클 타임, 고객의 변경요구에 대응하는 시간, 고객의 질의에 응답하는 시간 등이 있다.
- 일관성 – 정해진 리드타임을 일정하게 맞춰내는 능력

- 신축성 – 예기치 않은 고객의 특별한 요청에 대응하는 능력
- 오작동 시 회복 – 품절 문제 등 비상 시 얼마나 신속히 대처하는가에 대한 능력

프로세스, 제품, 만족 관련 지표

프로세스, 제품, 고객만족에 관한 성과를 측정하기 위해서는 다음과 같은 지표들이 관리된다.

- 프로세스 – 오더 사이클 타임, 정시 인도, 고객불만 통계
- 제품 – 설계특성, 사용 용이성, 포장 편리성, 서비스 빈도, 고장률
- 만족 – 고객의 인지에 관한 사항, 재고, 오더 상황에 대한 접근가능성, 고객 불만에 대한 대응, 포커스그룹 피드백

제 6 장 로지스틱스 재고관리

학습목표

1. 재고의 정의, 기능, 원가개념, ABC분석, 통제방법, 척도에 대해 설명할 수 있다.
2. 정량발주방식과 정기발주방식에 대해 설명할 수 있다.
3. 발주점, 안전재고의 산출방법을 설명할 수 있다.

재고관리 개요

재고란 생산을 위한 원재료 및 재공품, 지원활동을 위한 유지·보수 및 운전 용품(maintenance, repair, and operating supplies: MRO), 그리고 고객 지원을 위한 완제품과 수리용 부품 등을 말한다.

재고관리는 총괄적 재고관리(aggregate inventory management)와 개별 품목 재고관리(item inventory management)가 있다. 총괄적 재고관리에서는 재무적 차원에서 재고의 유형 별로 얼만큼의 자금이 투입되어 있는지, 그리고 재고유지비용은 얼마나 발생하는지 산출하는 데 초점이 있다. 개별 품목 재고관리에서는 개별 품목(SKU)에 대해 언제, 얼만큼 발주해야 하는지, 또 개별 품목의 재고를 어떻게 통제하는지에 관한 내용을 다룬다.

재고의 유형

재고는 물품이 시스템 내의 어느 지점에 정체되어 있는 상태를 시간적 개념으로 파악한 것으로서, 생산시스템이 생산을 위해 또는 고객의 수요를 충족시키기 위해 보유하고 있는 물품이나 자원을 말한다. 재고는 보통 원재료, 부분품, 재공품, 반제품, 제품, 상품, 저장품, 시설 보전용품 등으로 분류한다. 원재료 또는 부품으로 입고된 후 공정 내에 중간 제품으로 진행 중인 재고를 재공품이라 한다. 반면에 판매할 목적이 아니라 이것을 이용해서 생산할 목적으로 보유하는 시설, 기계 등의 자산은 재고자산이 아니라 고정 자산으로 분류된다.

원재료(raw materials)

외부의 공급자로부터 생산 공정에 투입시키기 위해 입고되는 모든 자재를 말한다. 여기에는 천연자원과 타사에서 만든 부품이 포함된다.

재공품(work in process)

자재가 공장 내에서 완성되어 가는 단계 중에 있는 공정재고를 말한다.

반제품(semifinished assemblies)

원재료를 가공 또는 조립한 중간 제품을 말한다. 간혹 임시로 반제품 창고 등에 보관하였다가 불출되기도 한다.

완제품(finished goods)
유통센터(distribution centers) 또는 최종 사용자에게 인도하기 위해 대기 중인 제품을 말한다. 유통센터에 대기 중이면 유통재고(distribution inventories)라 한다.

MRO 자재(maintenance, repair, and operating supplies)
유지, 보수 및 운전 소모품으로서 대개 저가이고 종류가 매우 다양한 것이 특징이다.

이와 같이 재고의 유형별 재고자산의 규모(금액)가 얼마인지 관리하는 것은 기업의 재무관리 측면에서 중요하다. 이는 각 재고 유형에 잠긴 자산의 크기가 적정해야만 효과적인 재고관리가 이루어지고 있다고 할 수 있기 때문이다. 이렇게 재고의 규모 별 금액이 얼마인지 총액 수준에서 관리하는 것을 총괄적 재고관리(aggregate inventory management)라 한다.

재고에 대한 이해관계자들의 인식

재고의 수준은 결품이 되어서도 안 되지만 너무 많은 재고는 재무적 압박으로 작용하며 진부화의 우려가 크므로 바람직하지 않다. 재고에 관해서 각 이해관계자는 아래와 같이 자주 서로 엇갈리는 태도를 갖는다.

- 비즈니스 리더 – 재고는 신 사업 기회와 성장을 제한하는 비용이다.

- 재무 관리자 – 자금 운영 상 자금이 묶이는 영향을 주므로 재고를 낮게 유지해야 한다.
- 생산 관리자 - 재고는 생산의 핵심이다. 재고가 지나치게 낮으면 생산성이 하락한다.
- 마케팅과 영업 - 고객 수요를 만족시킬 만큼 충분한 재고를 보유해야 한다.
- 고객 - 필요한 시간에 올바른 제품을 정확한 수량만큼 제공받아야 한다.

이렇게 이해관계자에 따라 재고에 대한 인식이 다르므로 재고관리 전략은 상위의 사업 전략에 기초를 두고 세워지지 않으면 안 된다. 재고관리 전략은 일련의 정책, 실무 절차, 파라메타들로 구성된다.

재고와 시간

재고관리의 목적은 충분한 재고를 갖되 너무 많이 가지면 안 되고, 그것도 너무 오래 가지면 안 된다는 것이다. 재고는 시간에 의해 그 성격을 다음과 같이 구분할 수 있다.

- 운영재고 – 수요예측을 만족시키기 위한 재고
- 초과재고 – 계획기간 내에 소진될 재고
- 잉여재고 – 실수로 주문하여 계획기간 내에 소진될 수 없는 재고
- 불활재고 – 진부화 재고 또는 사장 재고라고도 하는 재고로서 장래에도 사용되지 않을 재고

재고가 비록 사업 성과에 장애가 될 수 있지만 다음과 같은 내적, 외적 문제로 인해 필요한 양보다 더 보유해야 할 경우가 많다.

- 공급자의 신뢰성이 떨어짐
- 계획 담당자의 예측능력이 떨어짐
- 수요 특성이 예측을 어렵게 함
- 생산의 품질문제 등으로 생산목표를 맞추는 능력이 떨어짐

이런 점을 염두에 두되, 다음과 같이 공급체인 내에 잠겨 있는 재고 시간을 압축하는 것은 사업 성과를 위해 중요한 일이다.

- 매 단계를 조사해서 효율성을 체크하고 시간을 압축할 수 있나 확인
- 파이프라인 전체에 걸쳐 재고 리드타임과 안전재고를 줄임
- 더 빠른 수송 방법을 사용

기업 활동의 효과성을 재는 척도는 여러 가지가 있지만, 그 중 재고의 흐름 속도를 재는 척도인 재고회전률이 중요하게 취급된다. 재고회전률은 매출원가를 연 평균 재고액으로 나눈 수치로서 연간 평균재고와 비교하여 몇 배(회전)의 매출을 일으켰는지를 재는 척도다. 따라서 같은 매출을 달성하고 있는 두 경쟁업체 중에서 평균재고가 많은 업체는 재고회전률이 떨어진다. 재

고회전률이 낮은 기업은 여러 가지 측면에서 경쟁력이 떨어질 수 밖에 없는데, 그 중 중요한 요인을 들면 다음과 같다.

- 회사의 자금을 재고에 잠기게 하여, 경쟁자에 비해서 높은 금융비용을 발생하게 한다.
- 회계상으로는 재고가 불변이라 해도, 실제로는 시간이 흐르면서 재고가 진부화 되어 사용할 수 없게 된다.
- 재고는 생산시스템의 문제를 덮는 효과가 있어 개선의 필요를 못 느끼게 한다. 결과적으로 높은 재고 수준은 경쟁력이 떨어지는 생산시스템을 계속 유지하게 한다.

재고의 기능

이렇게 재고를 많이 보유하는 것은 여러 가지 측면에서 장기적으로 경쟁력을 저해하는 주된 원인이 된다. 그럼에도 불구하고 기업에서는 재고를 보유할 수 밖에 없는 이유가 있다.

1)수요에 대한 대응 기능

순환재고

순환재고(cycle inventory)는 로트크기 재고(lot-size inventory)라고도 하는데, 정상적인 수요를 만족시키기 위해 재고가 보충되기 전까지 사용하기 위해 요구되는 재고량을 말한다. 이는 구매나 생산에는 일회 주문 시 정해진 기준 량만큼씩 주문함으로써 발생하는 재고로서 입고 시 로트 크기만큼 증가했다가 점차 감소하는 형태가 된다.

파이프라인 재고

이는 수송 네트워크 및 유통 시스템에 있는 재고로서 수송재고(transportation inventory) 또는 이동 중 재고(transit inventory)라고도 한다. 순환재고와 유사하게 경제적으로 일회에 수송하는 양에 의해 파이프라인 재고가 발생한다.

예비재고(anticipation stock)

계절적으로 수요가 폭주하는 때를 대비하여 미리 재고를 비축하는 경우가 있는데 이를 예비재고(anticipation stock)라 한다.

2)수요와 공급의 동요와 불확실성에 대한 대응

안전재고(safety inventory)

불확실한 수요변화에 대처하고 자재조달의 불확실성 하에서 생산활동의 독립성을 유지하기 위해서는 공정 내에 완충재고(buffer stock) 또는 안전재고(safety stock)를 보유할 필요가 있다. 불확실성 요소는 예기치 않은 수요, 오더의 지연, 미완된 주문, 계획에 없는 정체, 파손과 결함 등 다양하다.

디커플링 재고(decoupling stock)

특히 개별수주형(job-shop) 공정에서 연속되는 작업 사이에 완충역할(buffers)을 하도록 보유하는 재공품 재고를 말한다.

3)원가 절감 기능

규모의 경제

대량 오더에 의해 할인 혜택을 받을 수 있고 수송비가 절감되므로 비용절감 효과를 얻을 수 있다.

헷징 스톡(hedging stock)

공급자의 파업, 급격한 가격인상, 원재료 공급 국가의 불안정 등의 위험을 회피하기 위한 투기성 비축재고(gambling stock)를 말한다.

재고 관련비용

재고관리 의사결정에 대한 관련 비용(relevant cost)은 조달비용, 재고 유지비용, 그리고 재고 고갈비용의 세 가지가 중요하다. 물류 재고에 관한 의사결정의 내용에 따라 재고 비용의 관련성 여부가 달라지므로 어떤 이슈를 다루고 있는지 살펴야 한다.

조달비용

품목 원가(item costs)

내부에서 생산되는 품목에 대해서는 직접재료비, 직접노무비, 그리고 제조간접비가 포함된다. 구매품에 대해서는 품목의 원가에다가 수송비, 통관비, 보험 등 간접비용이 포함된다.

주문비용(ordering or procurement cost)

공장 또는 공급자에 주문을 할 때마다 발생하는 비용으로서 주문비용은 주문수량과 무관하게 발생하고, 단지 연간 주문회수에 비례하여 발생한다는 특징이 있다. 여기에는 주문을 발급하고 마감하며, 일정계획을 수립하고, 투입, 지시, 독촉하는 생산관리 비용, 준비 및 해체비용, 특히 애로공정의 준비시간 동안 발생하는 자본 비용의 손실, 주문 준비, 추적, 독촉, 입고, 지불승인, 송장의 접수 및 지불에 따른 회계처리 비용 등 구매발주 원가가 포함된다.

재고 유지비용

재고유지비용(carrying or holding cost)은 재고를 보관하고 유지하는 데 수반되는 비용이다. 이에는 재고에 투입된 자본비용, 창고의 임대료, 작업자 임금 및 저장 설비 등 보관비용, 진부화, 파손, 도난, 열화 등 위험 비용이 포함된다. 유지비용의 전체 재고가치에 대한 비율은 다음과 같이 계산된다.

유지비용(율) = 개별 품목의 총 유지 비용 / 총 재고가치

재고 고갈(품절)비용

재고 고갈비용(stock-out cost)은 재고의 부족으로 인하여 발생하는 지급 발주비용(back-order costs) 또는 판매손실이나 고객관계의 손상, 평판의 저하에 의한 고객의 상실 등으로서 매우 큰 비용을 야기할 가능성이 있다. 재고 고갈비용은 리드타임 동안의 수요가 예측치보다 많을 것을 대비하여 추가적인 재고를 유지함으로써 재고 고갈비용을 줄일 수 있다.

재고 가치평가

재고 가치평가는 재무보고서의 중요한 항목으로서 회계 원칙에 의해 일정한 방법으로 보고되어야 한다. 회계 원칙에 따라 인정되는 방법은 나라마다 다를 수 있지만 재고 가치평가 방법에는 다음 다섯 가지가 있다.

- 표준원가(standard cost) – 해당 기간의 표준으로 정해진 원가를 적용한 평가
- FIFO(first in first out) – 가장 오래된 재고를 가장 먼저 사용할 때의 재고평가
- LIFO(last in first out) – 가장 최근에 입고된 재고를 가장 먼저 사용할 때의 재고 평가
- 평균 – 입고된 재고의 수량과 원가를 가중 평균한 평가액
- 실제 원가 – 실제 SKU 원가에 의한 평가

ABC 분류와 재고실사

ABC분류의 원리

ABC분류는 파레토 법칙(Pareto's law)을 써서 재고를 분류하고 분석하는 방법이다. 파레토 법칙에 의하면 대략 사용금액 가치(usage dollar value) 순으로 누적 80%를 점하는 품목이 품목 수로는 전체 품목수의 20% 정도를 차지한다. ABC 분류란 이들 중요 품목을 'A' 품목으로 하고 나머지를 'B' 품목, 'C' 품목으로 분류하는 것이다.

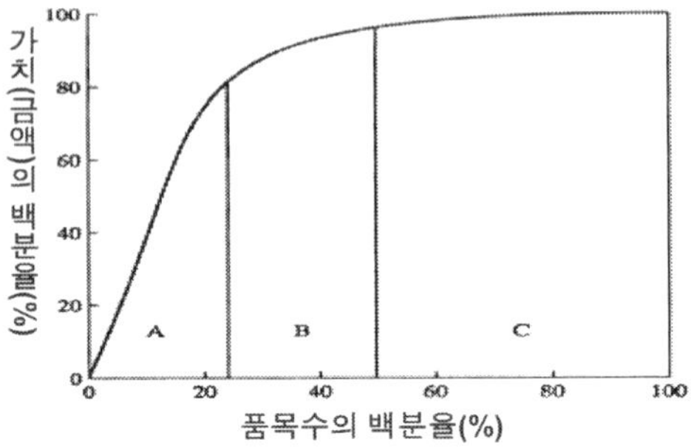

ABC 분류의 원리

ABC 분류 방법

ABC분류를 위한 기초 자료로서 각 품목의 원가(가격) 정보와 각각의 연간 사용량 자료가 필요하다. 이 자료를 가지고 먼저 연간 사용량과 단가를 곱하면 품목별 연간 사용금액이 산출된다. 이 데이터를 정렬하여 사용금액이 큰 품목 순으로 배열하고, 품목 수가 전체 품목 수의 20%, 50% 인 곳을 찾아 구간을 정하고, 각 구간 별로 A, B, C등급으로 지정하면 ABC분류가 완성된다. 아래 <그림> 참조.

재고 품목 번호	재고중 각 품목수 비율	연간 사용량	단위당 원가	연간 사용금액	연간 사용금액 비율		등급
#10286	20%	1,000	$ 90.00	$ 90,000	38.8%	72%	A
#11526		500	154.00	77,000	33.2%		A
#12760	30%	1,550	17.00	26,350	11.4%	23%	B
#10867		350	42.86	15,001	6.5%		B
#10500		1,000	12.50	12,500	5.4%		B
#12572	50%	600	$ 14.17	8,502	3.7%	5%	C
#14075		2,000	.60	1,200	.5%		C
#01036		100	8.50	850	.4%		C
#01307		1,200	.42	504	.2%		C
#10572		250	.60	150	.1%		C
		8,550		$232,057	100.0%		

ABC 계산 예

ABC 분류의 기준

앞의 예에서는 연간 사용금액을 기준으로 삼았지만, ABC 분류는 다음과 같이 다양한 척도를 기준으로 삼을 수 있다.

- 매출액
- 이익 마진
- 고객의 중요도
- 다른 품목과의 관계
- 회전률

ABC분류의 용도

순환실사 주기(cycle counting frequency)의 선정 시 중요한 품목일수록 더 자주 실사해야 하므로 ABC분류를 이용한다. 설계부서는 설계 시 가능하면 원가가 절감되는 품목을 찾아야 하며,

구매 부서에서는 고가이면서 사용량이 많은 품목에 관리 노력을 집중해야 할 것이다. C품목과 같이 중요도가 낮은 품목은 2 상자 시스템(two bin system)을 이용하여 출고를 자유스럽게 하고, 고가품은 반대로 더욱 철저하게 관리하는 식으로 관리 방식을 차별화 할 수 있다.

재고 실사

재고 정보의 정확성은 다음과 같은 측면에서 생산성과 비용에 영향을 준다.

- 결품으로 인한 판매 기회의 손실 및 고객의 실망
- 결품으로 인한 생산성 저하
- MRP 등 일정계획의 혼란
- 납기를 지키기 위해 높은 수송비를 부담
- 재고량의 불확실성을 커버하기 위한 안전재고의 증가

이런 영향 때문에 재고의 정확성은 매우 중요하며, 일반적으로 95% 이상의 정확성이 있어야 성공적으로 MRP시스템을 운영할 수 있다고 평가한다.

이론상으로는 재고가 늘 정확해야 하는 것이지만 현실적으로는 부주의, 입출고 기록의 오류, 창고의 보안 문제 등으로 재고 데이터의 오류가 계속해서 커지게 된다. 따라서 재고실사(physical inventory)를 통해서 오류가 발생한 재고정보를 바로 잡아 주어야 한다.

재고실사 방법은 대표적으로 정기실사(periodic inventory

review), 계속실사(continuous inventory review), 그리고 순환실사(cycle counting) 방법이 있다.

정기실사

정기실사는 일년에 한 번이나 반기에 한 번 행하는 재고조사 방식으로, 회사의 재고자산 가치를 평가하고 검증할 목적으로 종종 공장가동을 중지하고 한꺼번에 전 품목에 대해서 실사한다.
정기실사 방법은 회계적 측면에서는 그 필요성을 인정할 수 있지만, 재고의 정확도를 높이는 측면에서는 다음과 같은 이유로 해서 그리 바람직하지 못하다.

- 오류의 원인이 무엇인지 알 수 없어 개선이 어렵다.
- 비 전문가에 의해 수행되어 실수가 많고, 재고조사의 정확성이 높지 못하다.
- 실사 주기가 길기 때문에 다시 실사할 때까지 오류가 축적된다.

계속실사법

계속 실사법은 어떤 품목의 재고 수준에 변화가 발생할 때마다 즉시 실사하는 것이다.

순환실사

순환실사는 재고의 정확도를 높이기 위해 일정 주기 별로 자주 실사하는 방식을 말한다. 대개 앞서 소개된 ABC분류에 의해 나누어진 중요도에 따라 중요 품목은 실사주기가 더 자주 돌아 오도록 관리한다. 순환재고 실사의 중요한 장점을 정리하면 다음과 같다.

- 연간 반복적으로 재고실사를 하기 때문에 요구되는 재고정확도를 유지할 수 있다.
- 순환실사는 재고관리 전담자들에 의해 수행되므로 실사결과에 대해 더 높은 정확도를 유지할 수 있다.
- 공장을 중지시킬 필요가 없어 생산성 측면에서 유리하다.

재고통제

앞 서 살펴본 바와 같이 재고를 보유함으로써 비용이 발생되는 측면도 있지만 재고를 보유해야 할 필요성이 있는 것도 사실이다. 만약 장래의 수요가 확정적이고 정확히 예측할 수 있다면 재고를 보유할 필요는 크지 않을 것이다. 그러나 수요는 불확실하고 공급자는 자꾸 약속을 어기기도 하고, 생산도 계획대로 진행되지 않는 경우가 많다. 이런 이유로 어느 정도의 재고는 필요하다.

재고통제는 전체 비용이 최소가 되게 하는 최적의 재고를 유지하도록 관리하는 절차라고 할 수 있다. 시장의 수요에 대응할 수 있도록 적시에 적량의 원재료를 발주함으로써, 가능한 한 최저의 재고로 총 재고비용을 최소화하는 것이 목적이다.

재고통제는 각 재고보관단위(stock keeping unit: SKU)에 대하여 이루어지는데, 여기에는 주로 다음과 같은 이슈들이 있다.

수요 유형 - 독립수요와 종속수요

수요에는 독립수요와 종속수요의 두 가지의 유형이 있다. 독립수요(independent demand)는 품목의 수요가 기업의 외부인 시장에서 발생하는 수요로서 기업활동과 독립해서 발생하는 수요다. 독립수요에 대해서는 시장의 수요를 바탕으로 하는 것이므로 수요예측이 필요하다. 또한 수요예측의 오류를 보전할 목적으로 어느 정도의 안전재고를 필요로 한다.

독립수요의 재고통제에는 정량 발주방식(fixed-order quantity) 또는 정기 발주방식(fixed-order interval)이 사용된다.

종속수요(dependent demand)는 다른 품목의 수요에 따라 발생하는 수요를 말한다. 예를 들어 자동차라는 제품의 수요(독립수요)가 결정되면 이 제품을 구성하는 중간제품, 원재료, 부분조립품 등은 완제품 수요에 대해서 종속수요의 관계에 있다.

동일한 품목이지만 서비스품, 교체품으로 사용되는 품목은 독립수요와 종속수요의 두 가지 수요를 동시에 가질 수 있다. 예를 들어 진공청소기의 조립에 들어가는 호스는 종속수요품이지만 고객이 장기간 진공청소기를 사용하는 중에 호스가 파손되어 구입을 희망할 때를 대비하여 호스에 대한 재고를 유지해야 하는데, 이때의 수요는 독립수요가 된다.

종속수요는 상위품목의 수요에 의해서 수요가 발생하므로, 만약 상위품목의 수요가 결정되었다면 예측이 아니라 계산에 의해서 수요를 산출할 수 있게 되며, 안전재고도 필요하지 않다. 종속수요 품목의 소요량에 대한 계산은 자재소요량계획(MRP)에 의해 수행된다.

- 수직적 종속 – 하나의 품목을 생산하기 위해 소요되는 품목들을 일컬어 수직적 종속이라 한다.
- 수평적 종속 – 생산공정에 여러 SKU가 함께 전달되어야 할 필요에 의해 품목들을 함께 모으는 것을 킷팅(kitting)이라 하는데, 이때 일어나는 종속수요를 수평적 종속이라 한다.

정량발주 방식

정량발주(fixed-order quantity) 방식은 미리 정해진 주문수량을 단위로 하여 주문 시 그 배수로 발주하게 된다. 고정된 주문수량 계산 방법으로서 가장 많이 사용되는 방법이 경제발주량(EOQ)이다.

정량발주 방식으로 발주하기 위해서는 계속실사제가 이루어져야 한다. 이는 계속적으로 재고를 관찰하다가 재고가 미리 결정된 수준 이하로 떨어지면 일정량을 다시 주문하여 재고수준을 적정수준으로 맞추는 방식이다. 즉 주문은 재고 수량이 어떤 정해진 수량이 되었을 때 하게 되는데, 그 정해진 수량을 발주점(order point)이라 한다. 발주점은 다음 식에 의해 계산된다.

발주점 = 기대되는 수요율(D) × 리드타임(L)

수요율 'D'는 과거의 실적 데이터, 수요예측, 현재의 경향 등을 종합하여 결정하며 하루에 몇 단위씩 수요가 발생하는지 산정한 값이다.
리드타임 'L'은 재고 파악, 오더 준비, 공급자의 검토 및 준비시간, 운송 시간, 입고검사 등에 걸리는 전체 일수이다.

정량발주 모델에서 불확실성의 효과

불확실성은 수요율과 리드타임 둘 다에 발생한다. 평균적인 수요율보다 더 높은 수요율을 보이거나 반대로 낮은 수요율을 나타낼 수 있고, 리드타임도 평균수준보다 짧거나 길어질 수 있다. 그래서 필요한 것이 안전재고(safety stock)이다.
이에 따라 발주점은 다음과 같이 안전재고만큼 상향된다.

발주점 = 기대되는 수요율(D) × 리드타임(L) + 안전재고(SS)

안전재고의 결정

안전재고 수량을 결정하려면 수요의 불확실정 정도가 재고수준에 얼마나 영향을 주는지를 통계적으로 정량화 해야 한다. 이때 기준이 되는 것이 표준편차((standard deviation) 또는 평균절대편차(mean absolute deviation, MAD)이다.
SD 는 대략 1.25 MAD 이며, 안전재고 수량과 품절 가능성의 관계는 다음과 같다.

- 1 MAD의 안전재고 = 80%의 시간 중 재고가 충분
- 2 MAD 의 안전재고 = 90% 의 시간 중 재고가 충분

- 3 MAD 의 안전재고 = 99% 의 시간 중 재고가 충분

- 1 시그마의 안전재고 = 68.27% 의 시간 중 재고가 충분
- 2 시그마 = 95.45% 의 시간 중 재고가 충분
- 3 시그마 = 99.73% 의 시간 중 재고가 충분

MAD와 표준편차 구하기

$$\text{MAD} = \frac{\sum |A - F|}{n}$$

표준편차 = Σ(실제 수요 - 평균)$^2/n$ 의 제곱근

오더 수량의 결정 - EOQ

재고통제의 기본목표는 재고 관련비용을 최소화하는 것이라 할 수 있다. 경제적 발주량(economic order quantity, EOQ)이란 자재의 구매나 제품을 생산할 때, 재고와 관련된 비용이 가장 최소가 되는 경제적인 로트크기를 말한다.

EOQ 모형은 다음과 같은 몇 가지 가정 아래에서 이용될 수 있다.

- 매 기간 당 수요와 조달기간은 알려져 있고 일정하다.
- 단위 당 재고유지비용은 일정하다.
- 주문비용은 발주량과 관계 없이 매 주문마다 일정하다.

- 구입단가는 발주량과 관계 없이 일정하다.

경제적 발주량을 산출하기 위한 변수들이 <그림>에 열거되어 있다. <그림>에서 연간 총 재고비용(TC)은 연간 재고유지비용과 연간 주문비용을 합한 값으로 정의된다.

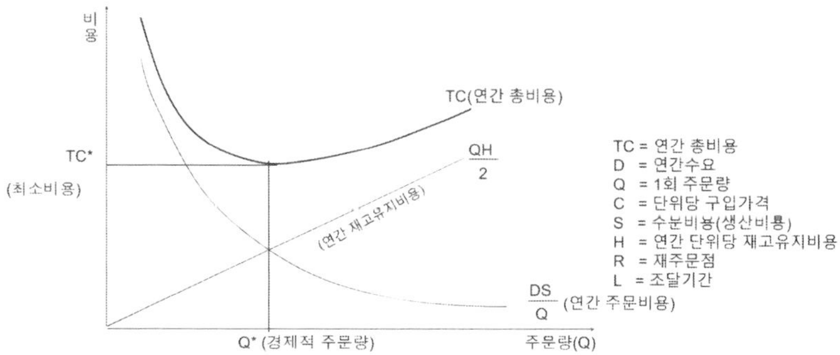

그림 경제적발주량(EOQ) 모형

연간 총비용을 수식으로 나타내 보면,

연간 총비용 = 연간 주문비용 + 연간 재고유지 비용

연간 주문비용 = (연간주문회수)(1회당 주문비용)

= (연간수요 / 1회주문량)(1회당 주문비용)

= (D/Q) S

연간 재고유지비용 = (연간재고량)(연간 단위당 재고유지비용)

= (평균재고수준)(연간 단위당 재고유지비용)

= (Q/2) H

따라서 연간 총비용 (TC) = (D/Q) S + (Q/2) H 로 계산된다.

연간 총비용 TC를 최소화하는 주문량 Q^*를 구하기 위하여, TC 곡선을 Q에 대해서 미분한 값이 0 이 되는 Q값을 구하면 된다.

$dTC/dQ = - DS/Q^2 + H/2 = 0$

$DS/Q^2 = H/2$

$Q^2 = 2DS / H$

따라서 $Q^* = \sqrt{(2DS/H)}$

경제적 주문량 모형의 주요 특징은 다음과 같다.

- 연간 수요가 많을수록 오더 수량은 커진다.
- 오더 비용(order cost) 또는 준비비용(setup cost)이 커질수록 오더 수량이 커진다.
- 품목의 가격이 비쌀수록 오더수량은 적어진다.
- 재고 유지비용이 많이 들수록 오더수량은 적어진다.

예제 : 경제적 발주량의 계산
경제적 주문량 모형을 이용하여 재고정책을 수립하려고 한다. 관련자료는 다음과 같다.

- 연간 수요 (D) = 1,000단위/년, (일일 수요 (d) = 1,000단위/365일)
- 주문비용 (S) = 1,000원/회
- 연간 단위 당 재고유지비용 (H) = 200원/단위·년
- 조달기간 (L) = 5일

위 자료를 이용하여 경제적 발주량(Q^*), 연간 총비용(TC^*), 적정 발주회수(N^*), 적정 발주간격(T^*) 그리고 발주점(R)을 구하려 한다.
먼저 경제적 발주량 Q^*를 구하면,

$Q^* = \sqrt{2DS/H} = \sqrt{2(1,000)(1,000)/200} = 100$단위
연간 총비용,
$TC^* = DS/Q^* + QH/2 = (1,000)(1,000)/100 + (100)(200)/2$
$= 10,000 + 10,000 = 20,000$ (원)

적정발주회수, $N^* = D/Q^* = 1,000/100 = 10$회
적정주문간격, $T^* = 1/N^* = 1/10$년 $= 36.5$일

발주점, R = d L = (1,000/365)(5) = 14단위

정기발주시스템

정기발주(fixed order period) 방식은 고정 주문량을 발주하는 것이 아니라 주어진 기간 동안 예상되는 수요를 충분히 만족할 수 있는 수량을 매 기간 별로 발주하는 것이다.

이 방식을 사용하기 위해서는 정기적으로 실사를 하면 된다. 이 경우 재고실사는 계속실사를 할 필요가 없기 때문에 재고통제에 컴퓨터를 사용하지 않는 기업에서도 별 문제 없이 적용할 수 있다. 이는 백화점, 슈퍼마켓 등 많은 품목을 취급하는 사업장에서 흔히 이용하는 재고통제 방식으로 '매주 월요일', 또는 '매달 첫째 월요일' 식으로 날짜를 정해놓고 재고를 실사하여, 다음 기에 필요한 수량을 일괄 주문한다. 그리고 공급자 측에서는 여러 품목을 정해진 날에 배송할 수 있어 물적 유통의 관리에 효율성을 기할 수 있는 장점이 있다.

정기발주시스템(fixed-time period system)은 "일정 시점마다, 즉 정기적으로 (최대재고량 – 현재고량)만큼 발주하는 방식"으로 P 시스템이라고도 한다. 이 시스템에서는 정기적으로 이루어지는 발주 시에만 현재의 재고를 실사하면 되기 때문에 정기실사방식(periodic review system)이 적용된다.

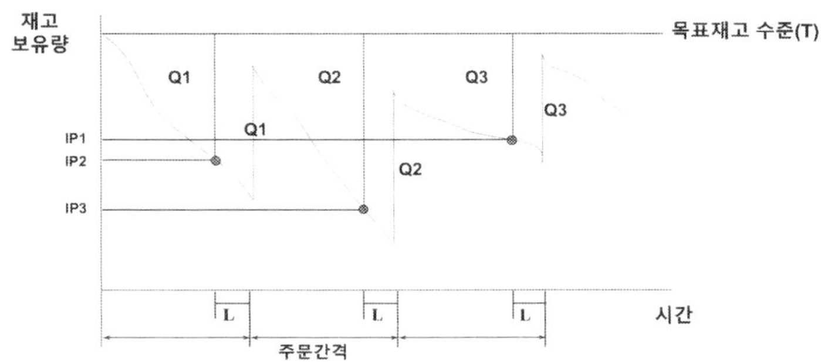

정기발주모형 (P System)

목표재고 수준

목표재고수준(target level or maximum-level inventory)은 리드타임 동안의 수요, 재검토 주기 동안의 수요, 그리고 안전재고를 합친 값으로 목표수준(target level) 또는 최고수준재고(maximum-level inventory)라 한다.

정기발주시스템은 최대재고수준(T)과 발주주기(P)를 결정함으로써 성립된다. <그림>을 보면, 정기발주시스템에서의 주문량(Q)은 최대재고수준에서 주문시점의 재고수준을 뺀 차이(Q_i = T - IP_i)가 된다. 이와 같이 정기발주시스템에서는 주문간격은 일정하지만 매번 주문량은 변화하게 된다.

기타 재고통제 방법

적시재고시스템

적시재고시스템(just in time)은 현장에서 생산에 꼭 필요한 시점에 원재료를 공급함으로써 원재료 재고와 재공품 재고를 낮추게 된다. 제품의 수요가 발생했을 때 생산에 필요한 중간제품의 필요 수량을 끌기식으로 통제하며, 이때 간판(kanban)을 생산 통제의 수단으로 사용한다.

VMI

VMI(vendor-managed inventor)는 계약에 의해 공급자와 고객 간에 전략적인 관계를 형성한 것으로, 공급자는 고객의 재고 데이터를 볼 수 있고, 고객 수요를 충족할 재고 수준을 유지할 책임을 갖는 것이다.

제 7 장 창고 전략과 관리

학습목표

1. 창고업무의 내용, 형태, 프로세스에 대해 설명할 수 있다.
2. 창고 설비의 설계 절차를 설명할 수 있다.
3. 창고관리 성과측정을 위한 척도를 열거할 수 있다.

창고 전략

전략적 일치성

창고 전략은 회사의 물류 자원인 창고를 사업의 목적을 강화할 수 있도록 사용하기 위한 계획을 말한다. 모든 전략에서와 같이 창고 전략도 상위 전략들과 정렬되어야 한다.

정렬되어야 할 목표와 전략들

- 기업전략과 목표
- 조직의 공급체인 전략
- 창고 전략

기업체에서 창고의 역할

물류에서 창고가 맡는 역할은 다음과 같다.

기능	창고의 역할
수요에 부응	자재, 부품, 제품을 입고하고 저장하며, 내·외부 수요에 대응하기 위해 배달한다.
공급과 수요의 정렬	재고는 수요의 변화를 흡수하며, 시설 용량으로 수요와 공급의 차이를 흡수한다.
불확실성에 대비한 완충	안전재고를 둠으로써 잠재적인 위험이나 기회에 대응할 수 있게 한다.
효율 향상	창고는 대량구매 할인을 가능하게 하며, 가격 변동에 대비한 헷지재고를 보유할 수 있게 한다.
고객 서비스 제공	정해진 기일 내에 고객에게 양질의 제품을 오류 없이 제공할 수 있게 한다.

공급체인 내에서 창고의 유형

공급체인 내에 설치되어 있는 창고에는 다음과 같은 유형이 있다.

생산 및 조립 설비 내 창고

- 원재료 창고, 재공품 창고, 제품창고
- 지연생산(postponement) 창고: 유통 단계에서 최종조립을 실시함으로써 적은 재고로 다양한 고객 수요에 대응함

유통망에서의 창고

- 통합(consolidation) 창고: 여러 공급자로부터의 물품을 통합하여 고객 쪽 시설로 보내는 프로세스
- 화물 쪼개기(break-bulk) 창고: 단일품목 만차적재(TL)를 소량으로 나눔
- 크로스 도킹(cross-docking) 창고: 입고제품 포장을 목적지에 맞게 분류할 수 있도록 하여 창고보관을 필요없게 함
- 주문대응 창고(fulfillment DC): 생산자나 다른 창고에서 물건을 받아 저장했다가 고객 오더에 대응함
- 역물류(reverse logistics) 창고: 반품, 수리, 재작업, 리사이클링 품목을 위한 물류

창고의 경제성 문제

스루풋

창고 업무는 물류 비용의 20% 정도를 차지하는데, 이는 창고내에 보관하는 재고의 유지비가 차지하는 비율과 비슷한 수준이다.

창고 업무의 경제성은 창고 관련 ROI를 어떻게 높일 것인가의 문제이므로 창고에 보관하는 재고의 스루풋(throughput) 증진이 필요하다.

대표적인 창고 비용

- 창고업무 인력에 대한 노무비
- 토지, 건물
- 건물 서비스: 유지보수, 보안업무, 유틸리티
- 장비 비용: 회사가 보유하는 창고 장비의 구입비, 유지보수, 연료비 등
- 정보 기술(IT) 비용

원가계산 방법의 고려사항

원가계산은 전통적인 간접비 배부 방식이 주로 사용되지만, 이 방법은 중요한 고객에게 간접비를 더 많이 배부하여 오히려 불리한 고객처럼 보이게 하는 문제를 야기한다. 이에 따라 제3자 물류회사에서는 창고 용적, 물자 핸들링 양과 시간, 그밖의 부가가치 활동들을 실제 활동에 비례하여 고객에 부과할 수 있도록 활동기반 원가계산 방식을 개발하여 사용하는 경향이 늘고 있다.

미래의 창고에 대한 영향 요인

향후 창고업무는 사업 관행, 정부 규제, 고객의 기대, 기타 거시경제적 조건 등 다음과 같은 다양한 외부 환경의 영향을 받아 변화할 것이다.

- 글로벌 공급체인: 향후 공급체인의 세계화가 증진함에 따라 복잡한 네트워크 하에서 창고업무를 관리하고 재고를 위치 추적하는 능력이 중요해진다.
- 전자상거래와 B2B: 전자상거래는 공급체인의 네트워크를 필요 없게 하는 요인이다. B2B와 온라인 소매업의 증가로 소매점은 감소하고 주문충족 창고(fulfillment D/C)는 늘고 있다.
- 공급망 파트너 간의 새로운 협력관계: 공급자가 재고수준에 대한 가시성이 향상되면서 새로운 협력관계가 가능해진다.
- 기술: 효율 증진과 고객화의 요구로 기술 혁신의 필요성도 나날이 증가하고 있다.

창고 형태

창고 형태에는 자신이 직접 소유하는 사설 창고와 독립적인 창고업자에 의해 운영되는 공공 창고가 있으며, 그 중간 형태로서 계약 창고가 있다. 사설 창고와 공공 창고는 각각 장점과 단점이 있고, 계약 창고는 두 형태의 장, 단점을 공유한다. 그 밖에 특별한 목적으로 사용되는 특수 창고, 그리고 비 전통적인 형태의 창고가 있다.

사설 창고

사설 창고는 다음과 같은 장, 단점을 갖는다.

장점

- 작업에 대한 통제력 확보
- 경제적 이점
- 융통성 있는 자산

단점

- 전략적 기회에 대응할 자본을 소모함
- 융통성 없는 자산
- 운영비의 증가
- 위험에의 노출 증대

공공 창고

공공 창고는 다음과 같은 장, 단점을 갖는다.

장점

- 원가절감이 가능
- 신축성(flexibility) 증진

단점

- 통제력의 약화
- 가용성 상의 위험: 꼭 필요할 때 가용하지 않을 수 있음

특수 창고

특수 창고에는 다음과 같은 것들이 있다.

- 자동창고: 초기 건설비용과 장비 비용이 많이 들지만, 건설 후에는 낮은 인건비 향유
- 냉장창고: 냉장이 요구되는 재고의 보존을 위한 창고
- 보세창고: 보세구역 내에서 물건의 생산, 이동, 입고 시 세금을 내지 않음
- 위험물창고: 방사능, 독극물, 또는 폭발물 등 환경적 피해를 줄 수 있는 물질의 보관을 위한 창고
- 자료 아카이브: 귀중한 문서, 디지털 기록물의 보관, 대개 제 3 자 전문회사에서 운영

비 전통적인 창고

비 전통적인 창고에는 다음과 같은 것들이 있다.

- 텐트: 행사장의 준비물, 음료수 등의 저장
- 저장 탱크: 석유 저장
- 스틸 사일로(steel silo): 곡류 저장
- 배의 선복, 철도 화차, 세미 트레일러: 간혹 출고지체 비용을 지불하면서 단기 저장시설로 이용하기도 함

창고관리 프로세스

유통 창고의 업무 프로세스는 입고, 저장, 피킹, 보충, 분류 및 부가가치 활동, 출하로 구성된다.

입고

올바른 제품이 정확한 수량으로 접수되도록 하는 것으로 창고업

무의 중요 단계이다. 입고 전에는 다음과 같이 제반 조건을 정비하는 일이 선행된다.

- 창고 조건에 맞게 카톤 패킹을 조정
- 창고능력에 맞게 인도 수단을 조정
- 상자들을 안전하게 팔레트에 위치시킴
- 잘 읽힐 수 있도록 라벨을 붙임
- 에러를 밝혀낼 수 있도록 오더를 검토

저장 프로세스

창고의 정해진 위치에 물건이 적재되도록 하는 프로세스로서 다음과 같은 업무를 수행한다.

- 화물이 제대로 도착했는지 체크함
- 보관 위치를 찾음
- 물건이 손상되지 않도록 하면서 피킹함
- 시스템에 정보를 제공하기 위해 레이블을 읽음
- 정해진 보관장소로 물건을 이동시킴
- 보관장소가 정확한지 검증함
- 추가될 수량이 맞는지 확인
- The Q'ty
- 재고 데이터를 업데이트함

피킹 프로세스

피킹은 보관 장소에서 물품을 꺼내어 주문 별로 집화하는 업무를 말한다. 피킹 시스템에는 자동창고 방식으로 물건이 피킹 담당자에게 이동하는 Part-to-picker 시스템, 그리고 피킹 담당자가 저장 장소까지 이동하여 피킹하는 Picker-to-part 시스템이 있다. 이때 출하 오더나 생산 오더에 따라 물건을 피킹하도록 지시하는 서류를 피킹 리스트(pick list)라 한다.

피킹 시 단위는 개별이 될 수도 있지만, 상자, 팔레트, 또는 유니트 로드 단위가 될 수도 있다.

피킹 담당자의 이동 거리를 줄이기 위해서 여러 가지 라우팅 전략(routing strategy)을 검토하여 최적의 경로가 될 수 있도록 해야 한다.

피킹 방식에는 개별오더 피킹, 뱃치 피킹, 구역 피킹, 파동형 피킹 등이 있다.

- 개별오더 피킹: 개별오더 피킹(discrete order picking)은 개별 오더를 차례로 피킹하는 방식이므로 그 오더에 해당되는 고객의 입장에서는 최상의 서비스를 받는 방식이다.
- 뱃치 피킹: 뱃치 피킹(batch picking)은 여러 오더를 동시에 처리하는 방식으로서 별도의 분류 장소가 필요하다. 구역 피킹(zone picking)은 창고를 몇 개의 구역으로 나누어 구역 별로 오더를 처리하는 방식이다. 오더 처리는 한 구역에서 완성된 후 다음 구역으로 이동하는 식으로 이루어지므로 피킹 담당자의 이동 시간을 단축시키는 효과가 있다.
- 파동 피킹: 파동 피킹(wave picking)은 오더가 하루의

특정한 시간에 발급되도록 정리된 후 오더 별로 모든 구역에서 동시에 처리된다.

피킹 생산성에 영향을 주는 요인은 다음과 같다.

- 효율적인 피킹 경로를 사용함
- SKU 레이블을 분명하게 붙임
- 피킹 장소의 조명과 청결 유지
- 정보처리 기술에 의한 서류작업 제거
- 자동화 장비의 도입
- 오더에 대한 체크 방법을 확립함
- 적정한 재고 유지
- 성과 데이터 분석과 개선

보충

보충은 오더 피킹 장소로 물건을 옮겨서 치우고 관련된 자료를 업데이트를 하는 업무이다. 보충의 주된 과업은 다음과 같다.

- 보충 작업이 착수되는 정확한 시작점을 알리는 절차가 확립되어야 한다.
- 적정한 재고수준의 확립
- 작업자의 효율과 안전에 대한 교육

분류 및 부가가치 활동

창고에서 이루어지는 부가가치적 활동에는 다음과 같은 것들이 있다.

- JIT 배송

- 최종 생산 및 조립
- 소매 전 준비작업
- 역물류와 가치 회수
- POS 준비
- 소매상의 전자상거래 업무
- 정보 및 보고서 작성

출하

출하를 위해 적재하는 업무에는 다음과 같은 일들이 필요하다.

- 제3자 물류회사의 관리
- 적재 장소에서 교통혼잡의 관리
- 적재 시 안전과 효율의 관리
- 필요한 서류작업의 완결

제 8 장 창고 레이아웃과 창고업무

학습목표

1. 창고 레이아웃의 원칙, 설계 프로세스, 설계 시 고려사항, 창고공간의 계산 방법을 설명할 수 있다.
2. 자원 가동성 모델링, 작업표준의 개발, 린 창고와 낭비, 창고자동화 시스템(WMS) 개념을 설명할 수 있다.
3. 물자핸들링의 원칙, 포장의 목적과 계층구조, 유니트 로딩의 개념을 설명할 수 있다.

창고 레이아웃 설계

설비 배치 의사결정

창고운영에 있어서 생산성과 비용 효율을 높이기 위해서는 다음과 같은 고려가 필요하다.

공간 사용의 극대화

- 2차원적인 바닥 면적의 활용뿐만 아니라 3차원적인 공간 활용도 포함한다.

노동력과 장비의 효과적인 사용

- 노동력과 장비의 최상의 조합을 선택
- 모든 품목에 즉시적 접근성 제공

- 효율적인 제품 이동

종합하자면, 창고의 효과적인 사용에 영향을 주는 요인은 다음과 같다.

- 공간 활용도(cube utilization)와 접근성(accessibility)
- 재고 위치(stock location)
- 주문 피킹(order picking)
- 포장(packaging)

따라서 창고 배치를 설계할 때에는 이런 고려가 포함된 레이아웃이 되어야 한다.

창고 레이아웃 원칙

레이아웃의 설계 역시 상위 사업전략의 방향과 일치되어야 한다. 그런 방향 하에서 기본적인 창고 설계의 원칙은 다음과 같다.

- 공간의 이용: 공간 이용률은 높아야 하지만 85% 이상이면 생산성과 안전성이 떨어질 수 있다.
- 노동과 장비의 이용: 사용될 장비와 업무 프로세스를 고려해야 한다.
- 자본의 이용률: 투입된 시설, 장비의 가동률을 높여서 투자회수률을 유지해야 한다.
- 신축성과 확장성: 장차 수요변화에 따른 확장성과 새로운 기술의 채택에 대비해야 한다.

레이아웃- 창고설계 절차

창고 레이아웃을 설계하는 절차는 1) 설계 요구 및 제약사항의 검토 2)데이터 수집과 분석 3)목표 스루풋을 내기 위한 스루풋 모델 작성 4)요구되는 활동과 필요 장비의 결정 5)내부 및 외부 레이아웃 6)정보시스템 업무 정의 7)투자와 운영비의 추정 8)요구사항과 제약조건에 대한 평가 9)설계 마감의 흐름으로 진행된다. 아래는 창고설계 절차 중 주요 단계에 대한 설명이다.

1) 설계 요구 및 제약사항의 검토

창고 설계목표는 창고에 관한 전략적 계획을 바탕으로 창고가 수행할 과업, 용적, 스루풋, 서비스 수준을 정의하는 것을 말한다.

제약사항은 설계 시 고려해야 할 제반 조건들, 예를 들면 창고가 언제까지 완공되어야 하는지의 타이밍, 창고 부지의 입지, 면적에서 오는 물리적 조건, 회사가 투입 가능한 자본 비용, 지방정부의 규제, 보험 가입을 위한 안전 요구조건 등이 포함된다.

2)데이터 수집과 분석

다음 단계는 창고 설계를 위한 데이터를 수집하고 분석하여 창고의 크기와 용량에 대한 의사결정을 하는 것이다. 수집해야 할 데이터에는 창고에서 취급해야 할 제품, 처리해야 할 오더의 빈도와 양, 인바운드/아웃바운드 화물의 양과 차량 빈도, 창고 작업의 내용, 주유와 주차 등에 요구되는 창고 외부 면적, 입지와 주변 건물, 건설 비용, 기타 기존 시설의 사용 가능성 등이 포함된다.

3) 스루풋 모델 작성

스루풋(throughput)은 정한 시간 내에 창고에서 흘러 나가는 물량으로서, 예를 들면 하루에 처리할 수 있는 팔레트 수를 말한다. 스루풋 모델은 설계 대상인 창고가 수요의 계절성 등 추가적인 시나리오 하에서 하루에 몇 팔레트의 흐름을 낼 수 있는지를 구상한 내용이다. 이런 구상을 통해 창고의 용량을 결정하는데 도움을 준다.

추가적인 시나리오에 포함될 사항은 예상되는 물동 흐름의 수준, 주요 장비의 형태, 부가가치 활동이나 역물류 등 특별한 역할의 포함 여부 등이다. 이런 내용을 스루풋 구상에 포함시켜 하루에 처리할 전체 스루풋, 창고 내 세부 구역(입고 구역, 대형 재고 적치구역, 오더의 분류와 포장 구역, 출하 구역, 재고 형태 별, 역물류 활동 등) 별 스루풋 목표를 정한다.

4) 요구되는 활동과 필요 장비의 결정

창고에서 요구되는 부가가치 활동 등은 창고 공간의 요구량과 업무 유형에 영향을 준다. 또한 창고 업무에 어떤 장비를 선택하는지에 따라 창고 면적과 레이아웃이 달라진다. 특히 장비의 결정은 정해진 스루풋 목표를 달성하는 데 영향을 주는 전략적 의사결정에 속한다. 장비의 선택에 대한 의사결정을 하기 위해서는 장비의 특성, 주요 선택 기준, 자동화 시의 손익분기점 등이 고려되어야 한다.

5)내부 및 외부 레이아웃

이 단계에서는 창고의 내부와 외부의 창고 부지가 어떤 용도에 얼마나 사용될 것인지를 결정하는 것이다.

내부 레이아웃 포함 사항

- 도크 높이
- 수직 공간
- 버팀대(supports) 간격
- 바닥 평평도
- 서비스 필요(예, 충전, 배수 등)

외부 레이아웃 포함 사항

- 공터
- 연결 철로
- 담장과 보안시설
- 주차공간
- 차량유지보수공간
- 경관 유지

창고 면적 결정 시 고려 사항

용량, 접근성, 공간 활용도 예

<그림>과 같은 창고 배치에서 바닥에 놓여질 수 있는 42인치형 팔레트의 수로 이 창고의 용량을 계산하면 다음과 같다.

$(120' \times 12'') \div 42'' = 34.3$, or 34 개

팔레트를 3층 2열로 쌓는다고 하면,

용량= 34 개/열 × 3 층 × 2 열 = 204 팔레트

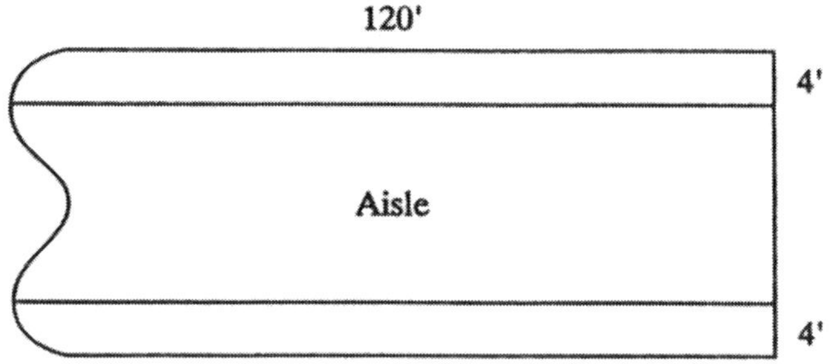

<그림> 공간 내 팔레트 수

접근성과 공간 활용도는 다음과 같은 의미로 사용된다.

- 접근성(accessibility): 접근성은 원하는 상품을 최소한의 일을 해서 가져올 수 있는지 여부를 뜻한다.
- 공간 활용도(cube utilization): 공간 활용도는 팔레트를 채울 수 있는 용적 중 실제로 팔레트가 몇 퍼센트(%)를 채우고 있는가를 나타내는 척도다.

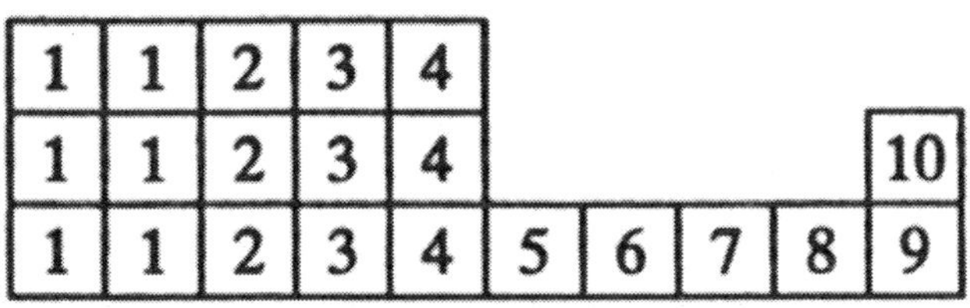

<그림> 공간 활용도과 접근성

<그림>은 3층 내지 1층으로 팔레트가 싸여 있는 모습을 나타내고 있다.

- 이 경우, 9번 품목을 제외한 나머지 모든 품목들은 접근성이 양호하다.
- 공간 활용도 = 70% (21 ÷ 30 × 100)
- 높은 접근성을 위해서는 팔레트의 층을 높이되, 상층의 팔레트를 건드리지 않고도 저층 팔레트를 제거할 수 있어야 한다.

교통흐름 형태와 레이아웃

'U' 자형 흐름:'U' 자형 흐름은 입고가 도크의 한쪽에서 이루어진 후 제품이 창고로 이동되고, 고객 주문에 의한 출고도 입고시의 도크와 같은 쪽에 있는 도크를 사용하는 형태이다. 따라서 물건의 흐름은 입고에서 창고, 창고에서 출고를 이었을 때 'U' 자 형태가 된다. 차량 트래픽은 스케줄로 구분이 가능하고, 같은 도크를 사용한다는 점에서 모니터링 용이하다는 장점이 있는 반면에 혼잡의 우려가 있다.

관통형 흐름: 관통형 흐름(through-flow)은 물건이 창고 건물의 어느 한쪽으로 도착하고 출하는 건물의 반대쪽에서 이루어지는 형태이다. 차량의 혼잡가는 적어진다는 장점이 있는 반면에 상하차 장비와 보안 장비가 두 배로 필요하다는 문제가 있다.

ABC 슬롯 전략

ABC 슬롯은 속도(얼마나 자주 선적, 주문되는가), 계절요인, 저장 형태, 피킹/제품/고객/인도 특성 등에 의해 저장 위치를 구분하는 것이다. 기본적인 전략은 도크에서 가까운 슬롯은 빠른 흐름을 보이는 제품에 할당하고 맨 뒤에 있는 슬롯에는 흐름이 느린 제품을 할당한다.

창고 운영

창고의 운영에서 고려되어야 할 사항은 작업자와 장비 등 자원을 창고 작업에 할당하는 문제, 창고 활동의 낭비를 없애는 문제, 작업 상의 안전 문제, 창고기능의 일부를 외주하는 문제 등이다.

자원의 할당

자원 할당은 다음과 같은 순서로 이루어진다.

1 단계: 주요 창고 프로세스를 정의함, 예를 들어 크로스도킹 창고의 경우는 통합/분해 프로세스가 중요하다.

2 단계: 각 프로세스를 세부 활동들로 나눈다.

3 단계: 각 활동의 일정을 결정한다.

4 단계: 각 작업에 요구되는 자원을 배정한다.

작업표준의 개발

작업표준은 생산능력(capacity)과 연결되어 있다. 생산능력 산출의 단위는 작업자, 기계, 작업장, 공장 등 다양한 수준으로 정해질 수 있다.

어떤 능력 단위, 예를 들어 어느 기계 공정에 대한 표준 생산능력(rated capacity)은 다음과 같이 계산된다.

주 당 가용 시간(available time/week) =
기계 수 × 작업시간 × (교대조 × 기당 작업일수)

가동률(utilization) = (실 작업 시간(hours actually worked) / 가용 시간(available hours)) × 100 %

능률(efficiency) = (작업에 소요되어야 할 표준시간(standard hours of work) / 실 작업 시간(hours actually worked)) × 100 %

표준 생산능력(rated capacity) = 주 당 가용시간 × 가동률(utilization) ×능률(efficiency)

생산능력과 작업부하의 일치

이렇게 산출된 생산능력은 요구되는 작업 부하(work load)와 비교되어야 한다. 그 결과 생산능력이 부족하다면 작업시간의 증가(잔업), 작업자의 채용, 교대조의 증가, 외주 등의 조치를 고려해야 한다. 반대로 작업 부하를 줄여서 해결할 수 있는지도 검토해야 한다.

작업 부하 실적을 장기간에 걸쳐 그려 보면 수요의 계절성 같은 추이를 알 수 있게 되는데, 연중 수요가 피크에 도달하는 시기에 대해서는 미리 생산능력 확보를 위한 조치를 취할 수 있다.

창고자동화 정보 시스템

정보 시스템을 활용하여 원가를 줄이고 고객 서비스를 증진하기 위한 다양한 노력이 계속되고 있다. 창고관리에 자주 사용되는 정보 시스템의 유형에는 다음과 같은 것이 있다.

창고관리시스템(warehouse management system, WMS)

- 오더와 재고를 관리함
- 창고 업무를 조직화
- 성과를 모니터링하고 분석

창고통제시스템(warehouse control system, WCS)

- 창고 자동화 장비와 직접 커뮤니케이션함
- 실시간 작업 실현
- 개인별 사용자 인터페이스 제공

정문/야적장 관리 시스템(gate/yard management System)

- 인바운드/아웃바운드 출하를 조정함
- 야적장과 창고에 있는 장비와 상품에 대한 기록관리
- 트레일러의 반품지연을 줄임
- 철로 조차 업무

창고관리시스템의 선택

창고의 자동화에는 큰 투자가 소요되기 때문에 투자 의사결정에는 재무적, 인적자원, 작업, 수송, 핵심 고객 등 다양한 측면을 고려해야 한다. WMS 선택 시 다음과 같은 기준이 고려되어야 한다.

- 현행 시스템과의 인터페이스 능력
- 모듈화 및 확장성
- 인터넷에서의 접근성
- 분석과 보고서 작성 능력
- 사용자 친화성
- 베스트프랙티스 창고 업무를 지원함

창고 장비와 시스템

피킹, 분류, 물자 핸들링, 보관 등 창고 업무에 사용되는 장비는 다음과 같이 다양하다.

- 컨베이어
- 피킹 시스템
  - picker-to-goods
  - goods-to-picker
- 도크(dock) 장비
  - 도크레벨러(dock levelers)
  - 도어시스템(door systems)
  - 휠가이드(wheel guides)
  - 범퍼(bumpers)
  - 조명(lighting)
  - 안전장비

- 제품핸들링 장비

  붐 컨베이어(boom conveyors)

  포크리프트(forklifts)

  팔레트 트럭(pallet trucks)

  크레인(cranes, jib, bridge, mobile)

제 9 장 수송 기초

학습목표

1. 수송의 원가구조, 수송 모드와 인프라스트럭춰, 수송의 이해관계자에 대해 설명할 수 있다.
2. 도로수송, 제품보관, 운송수단의 유형, 수송관리의 내용에 대해 설명할 수 있다.
3. 수송 능력과 중간상, 다양한 운송수단에 대해 설명할 수 있다.

수송 개요

수송은 공급체인 구성 요소들을 연결하는 기능을 수행하는 물류의 핵심 기능이다. 수송은 상품을 생산된 곳에서 사용될 곳으로 옮기는 활동으로서, 시간과 비용 면에서 효율적이어야 한다. 오늘날 글로벌화하는 물류에 있어서 수송은 원가에 미치는 영향이 크고, 고객 만족을 위한 적시 인도와 파손 없는 인도에 중요한 요소이다.

수송의 경쟁력은 규모, 거리, 속도의 함수로서, 구체적으로는 연속된 흐름, 적기 수송, 화물 크기, 적합한 운송수단, 가동률 제고 등으로 이루어진다.

수송의 원칙은 규모, 거리, 속도의 경제성을 이루는 것이다. 이

것을 이루는 속성을 열거하자면 연속된 흐름, 정시 인도, 최적화된 화물 단위, 최대화된 이동수단 단위, 물량과 교통 성격에 맞춘 이동수단 단위, 표준화, 유니트 로드 장비와의 호환성, 전체 중량 중 사용 안 되는 중량의 최소화, 자본/장치/인력의 가동률 중대 등을 들 수 있다.

수송 원가의 영향 요소

수송모드의 선택은 원가, 이동 시간, 신뢰성, 안전성에 큰 영향을 미친다. 제품의 무게/질량/모양에 따라 또는 취급 주의품/온도 등에 의해 어떤 수송모드를 사용해야 하는지가 예비적으로 결정되는데, 일반적으로 저원가 제품은 저원가 수송수단을 이용하게 된다.

인도 속도는 모드 선택의 결정요소 중의 하나이다. 제품가치/포장밀도가 높은 품목은 고속 인도를 요하는 모드가 적용되며, 가치밀도(단위 부피 당 가치)는 낮으면서 포장밀도(단위 부피 당 포장 개수)가 높은 품목은 효율적인 물자처리가 중요해진다. 가치밀도도 낮고, 포장밀도도 낮은, 예를 들면 석탄 같은 화물에 대해서는 저 원가 수송 및 저장 방법이 적합하다.

수송모드(transportation modes) 유형

도로(road) 수송

- 철도보다 자본이 적게 필요
- 문 앞에서 문 앞까지 배달 가능(door-to-door)

- 빠르고 탄력적인 서비스
- 소량의 단거리 수송에 적합

철도(rail) 수송

- 대량 수송에 적합
- 운행 빈도가 트럭보다는 적음
- 장거리 수송에 있어서 속도가 빠름
- 신뢰성이 높음
- 다양한 종류의 제품을 수송할 수 있음
- 대량 수송 시 자동차보다 비용이 낮음

항공(air) 수송

- 장거리 수송에 있어 가장 빠른 수송 속도 제공
- 수송기 뿐 아니라 여객용 항공기를 이용해 화물수송이 가능
- 착륙 가능한 시설만 있으면 어디라도 수송 가능
- 높은 비용
- 높은 가치의 경량 화물이나 급한 화물에 적합함

해상(water) 수송

- 톤·마일(ton-mile) 당 수송 비용이 저렴
- 속도가 느리고 대개는 문 앞까지의 배송은 안 됨
- 항로가 개설된 원거리 수송으로서 저가의 대용량 화물에 적합

파이프라인(pipeline) 수송

- 낮은 운영 비용
- 날씨에 영향 받지 않음
- 대용량을 연속적으로 수송

수송모드와 수송비

수송 모드는 철도, 도로(트럭), 항공, 해운(선박), 파이프라인 등이 있다. 다양한 수송모드 중에서의 선택 시 가장 중요한 고려사항은 거리와 비용이다. 수송모드의 비용 중 고정비는 초기 시설을 만드는 데 들어가는 비용이고, 변동비는 운행 거리나 횟수에 따라 비례하는 비용이다. 따라서 육상 운송인 트럭과 소포/택배 같은 수송모드는 철도, 항공, 수상 모드에 비해 고정비 비중이 낮고 변동비 비중이 높은 원가구조를 갖는다.

수송모드의 경제성

수송모드의 선택은 선적물의 크기, 납품일, 제품의 내구성, 가격 등의 요소를 고려해서 결정된다. 전자제품과 같은 저중량 품목은 항공 또는 자동차 수송이 적합한 반면 목재와 같이 길고 무거운 물건은 철도나 배가 더 적합할 것이다.

제품의 내구성에 관하여, 파손이 우려되는 품목은 적절한 포장과 수송모드가 요구된다. 또한 음식이나 의약품은 특별한 포장과 냉장이 요구될 수도 있다.

일반적으로 제품의 가치 밀도가 높은 품목은 더 빠른 수송수단을 이용하게 된다. 한편 포장 밀도가 큰 품목은 자재핸들링 업무의 자동화가 더 많이 요구된다. 예를 들어 우체국에서 취급하는 우편물은 포장 밀도가 크기 때문에 우편물을 배달 지역으로 분류하는 자동 분류장치가 더욱 필요하게 된다. 반면에 벽돌과 같이 가치 및 포장 밀도가 낮은 품목은 저가의 수송수단을 이용하여 공장에서 팔레트에 적재하여 직접 사용처로 수송한다. 수송의 '톤-마일' 구성비는 대체로 "육상 > 철도 > 파이프라인 > 해운 > 항공"의 순이다.

터미널

수송 수단이 화물을 싣고 내리는 장소인 터미널은 다음과 같이 다양한 방법으로 수송 업무에 이용된다.

- 허브앤스포크(hub-and-spoke)시스템 – 분류, 선적, 하역
- 간선 운송(Line-haul)과 지역 배송(local deliveries)의 연결
- 상이한 수송 모드 간의 연결
- 유지보수, 사무처리
- 화물의 선적, 통합

터미널 유형

가장 전형적인 터미널의 유형은 픽업과 배송(pickup and delivery) 터미널로서 로컬 지역을 돌며 배송을 할 수 있도록 물건을 상, 하차 하는 터미널이다. 집하 터미널은 목적지 이전의 허브앤스포크(hub-and-spoke) 터미널로서 여기서는 대량 화물을

분해(break-bulk)하여 재통합하는 일이 이루어지며, 또 운전자의 숙식을 위한 서비스 시설이 갖추어져 있다. 릴레이(relay) 터미널은 화물은 그대로 둔 채로 운전사를 교대하여 운행하기 위한 터미널이다. 이는 규정에 의해 운전자에게 최대로 허용된 연속 운행시간을 넘기지 않도록 하기 위한 것이다.

수송수단 운영 비용

수송수단에 들어가는 자원은 인력, 기계(이동수단 자체), 자재(타이어, 연료 등 직접비), 자금(각 자원에 투입되는 돈) 등이다. 수송수단의 총 원가를 알려면 그 수송수단의 운영에 대하여 전반적으로 이해하고 있어야 하는데, 구체적으로 수송수단의 고정비와 변동비, 그리고 간접비(부대비용)를 산출할 수 있어야 한다. 고정비는 그 장비에 투입된 자본비용과 제반 세금 등이다. 운전자의 급여도 운행 여부에 관계 없이 지급되므로 고정비로 분류되어야 한다. 변동비는 연료, 윤활유, 타이어, 유지보수비, 기타 운전자의 시간외 급여와 보너스 등이 포함된다. 간접비는 수송수단의 운행과 직접 관련되지 않는 비용으로 이동수단 자체에 관한 간접비(예비 차량과 예비 인력 등)와 기타 업무 상의 간접비(사무실 요원의 급여)로 나눌 수 있다.

수송수단을 소유하면 운행 시 간접비의 배부액과 직접비를 합한 만큼의 비용이 소요된다. 반면에 외주 수송수단을 사용하면 운송업체의 이윤을 포함해야 하기 때문에 소유했을 때에 비해 높은 이용 가격이 책정될 것이다. 그러나 종합적으로 보면 수송수단을 소유하는 것과 외주하는 것은 각기 장단점이 있다.

개인이 직접 운영할 수 있는 대표적인 수송수단인 트럭을 예로 들면, 소유 트럭을 운영하느냐 혹은 외주하느냐의 의사결정은 회사의 사업 특성과 고객이 요구하는 서비스 수준에 따라 결정될 것이다. 일반적으로 트럭을 소유할 때에는 서비스 수준이 높아져서 브랜드 이미지에 도움이 되고, 회사가 보증할 수 있는 운송 용량이 확보되며, 일정 수립에 신축성이 있으며, 단기적으로 수송비가 절감된다는 장점이 있다. 반면에 높은 자본비용이 발생하며, 지속적으로 유지보수 비용이 발생하는 문제, 그리고 운전자의 고용관리에 관한 책임의 문제 등은 불리한 점으로 볼 수 있다.

자가 수송수단 운영비의 원천으로서 비용 절감 가능성을 검토할 수 있는 영역은 다음과 같다.

- 장비 – 어떤 형태의 장비가 선택되어야 하는가?
- 리스 – 구입을 할 것인지 리스를 할 것인가?
- 조직 – 운송조직을 비용 센터로 할 것인지 또는 독립적인 이익센터로 운영할 것인가?
- 통제 – 운전자, 차량, 공장 별로 원가를 집계하여 문제 영역을 파악할 수 있는가?
- 규정 – 지역 별 규정, 안전 요구사항 등을 준수할 수 있는가?

수송 서비스의 역할

수송 서비스의 주된 역할은 화물을 운송하는 역할과 화물을 보관하는 역할이다.

1) 화물을 운송하는 역할

- 화물 서비스: 물건을 한 장소에서 다른 장소로 이동시킴
- 터미널 서비스: 화물을 적당한 양으로 수송하기 위해 통합(consolidation)하고 나눔(break-bulk)
- 적재/하역 서비스: 운송의 종류와 수송수단에 따라 적재/하역의 책임이 달라짐
- 부가가치 서비스: 자동 위치추적, 레이블 이미지 감지 시스템, 배송 확인 등 화물 처리 외의 서비스
- 서류 작업: 국내 또는 국제 선적에 따라 다양한 서류가 요구됨
- 수송요율: 수송요율은 필요한 서비스의 실제 비용에 기초하여 추가적인 요인(제품 특성, 거리 등)을 고려하여 결정된다.
- 수취 변경: 화물이 도착하기 전에 인수를 늦추는 일(diversion), 또는 화물이 최종 도착지에 도착하고 나서 인수를 늦추는 일(reconsignment) 등

2) 제품을 보관하는 역할

- 수송모드 저장: 하나의 수송 모드 내에서 트레일러나 컨테이너에 제품을 저장한다. 비용이 많이 들기 때문에 주로 단기간 저장함

- 운송 중 창고저장: 수취인이 창고 공간이 부족할 때 주로 이용하는 방법

수송 서비스의 이해관계자와 중간상

수송 서비스의 주된 이해관계자는 다음과 같다.

이해관계자

- 송하인 (shipper)과 수하인 (recipient) – 픽업과 배송, 운송 시간, 화물의 안전에 관심이 큼
- 운송업자 (carrier of goods and agents): 화물의 운송업자와 중개 업자 – 가능하면 높은 요율을 원함
- 정부(government) - 각종 규제, 적정요율을 책정함
- 공중(public) - 환경, 요율, 안전에 영향을 미침

수송 중간상

비 운영 중간상

수송 업무에는 공급체인 내 관련자에게 서비스를 제공하는 중간상들이 존재한다. 이 중 화물 운송업자(freight forwarder), 운송자 협회, 중개상(broker) 등은 운영업무 자체를 수행하는 것이 아닌 업체들이다. 이렇게 자사의 차량이나 장비를 운영하지 않으면서 유통에서의 도매업자와 같이 수송 프로세스 중 일부를 담당하는 중개상을 비 운영 중간상(non-operating intermediaries)라 한다.

통합서비스 제공자

반대로 통합서비스 제공자(integrated service providers, ISP) 혹은 부가가치 서비스 제공자(value-added services providers)는 오더 입력에서부터 제품의 배달에 이르는 전체 로지스틱스 기능의 일부를 제공하는 업체를 말한다. 업계에서는 이들은 제 3 자, 또는 제 4 자 서비스 제공자로 구분한다.

제 3 자 서비스 제공자는 대개 자신의 장치를 소유하고 서비스를 제공하는 업체이다. 제 4 자 서비스 제공자는 장치를 소유하지 않고 정보 시스템을 통해 공급체인을 통합하는 역할을 하는 업체이다.

이들이 제공하는 서비스를 흔히 부가가치 서비스라 한다.

ISP 선정 시 고려사항

통합 서비스 제공자를 고려할 때 포함되어야 할 사항은 다음과 같다.

- 그들의 자산을 바탕으로 고객이 원하는 수준의 서비스를 실현시킬 수 있는가?
- 과거 실제로 고객에게 원가 절감을 실현시킨 실적이 있는가?
- 시장의 요구 변화에 맞추어 서비스를 추가 혹은 감소시킬 수 있는가?
- 그들의 현재 용량(능력) 수준은 어떤가?
- 자산을 보유한 ISP 혹은 자산 없는 ISP 중 어느 편을 선택할 것인가?

제 3 자 물류 서비스 제공자

많은 회사들이 공급체인 물류를 위해 제3자 물류업체를 이용한다. 이러한 서비스는 여러 서비스 제공자, 예를 들면 제3자 물류, 제 4자 물류, 그리고 그 중간에 해당되는 리드 로지스틱스제공자(lead logistics provider, LLP) 등이 있다.

제3자 물류제공자는 자사에서 직접 수행하는 전문 영역을 제외하고 대체로 외부 공급자로서 수송, 창고 및 유통, 포워딩, 재무, 정보기술 등 영역의 일부 또는 전부의 기능을 수행한다. 70년대의 3PL은 운영, 창고 업무, 수송에 주로 집중되어 있었다. 2000년대에 이르러서는 창고업무, 수송뿐 아니라 부품의 조달, 생산을 위한 오더, 라벨링, 포장, 조립, 피팅, 역물류, 정보기술, 크로스 도킹, 포워딩 등으로 변화되었다. 3PL 사용의 의사결정은 전략적 내지 전술적일 수 있고, 이점과 불리한 점이 공존한다.

이점으로는 내부에 부족한 물류 전문가의 가용, 기술의 변화에 적응, 자원, 노동력의 신축성, 원가 효율의 제고, 추가적인 능력의 추가 등이다. 불리한 점은 수송물류에 대한 통제권의 상실, 효율적인 가격모델을 개발하기 어려움, 의존성 증대 등이다. 내부에 물류부서를 두고 있는 회사라면 3PL 회사와 계약하는 것이 불리할 수 있다.

포워더

화물 포워더는 물류서비스 제공자의 하나로서 하주를 대신하여 항공이나 해운 등 물류서비스 제공자와 서비스 계약을 하는 일을 한다. 화물 포워더는 국제 교역에 많은 역할을 한다. 이들을 이용함으로써 화주는 항공사나 해운업자와 직접 계약하는 복잡성으로부터 벗어날 수 있다. 국제 화물 포워더(international freighter forwarder, IFF)는 수출업자 및 수입업자를 위하여 화물이 원하는 곳에 도착할 수 있도록 제반 계약 등 준비 업무를 한다.

IFF는 특정한 서비스, 특정 수송모드 및 시장에 특화하여 최적의 조건을 찾아주는 일을 한다.

IFF는 작은 물량의 계약들을 통합하여 만차 적재(FTL)화 하여 원거리 이동과 배송이 가능하도록 준비한다. 이들은 국내 및 외국의 운송규정, 원가 구조, 실무에 밝은 전문성을 바탕으로 화주에 서비스를 제공하는 것이다.

화물 포워더(international freight forwarders, IFF) 기능

- 신용장 개설을 위한 조언
- 국제 화물업자의 공간을 예약함
- 수출 신고 준비
- 항공/선하 증권 준비
- 수입국으로부터 영사 서류 획득
- 보험관계 처리
- 선적 통지와 서류 준비 및 송부
- 수출업무에서 종합 컨설턴트 역할 수행

브로커

화물 포워더는 화물의 소유권을 갖고 통합의 업무를 하는데 비

해 브로커는 화물의 소유를 하지 않은 채 자신의 전문성을 살려 화주와 운송업자를 연결하는 업무를 한다. 브로커 중에는 화물의 특징에 따라 적합한 운송수단을 연결해 주는 화물 브로커, 그리고 고객에게 서류 작업 중의 편의를 제공하는 고객 브로커로 구분할 수 있다.

- 수출업무관리회사(export management company , EMC) - EMC는 현지 전문가로서 회사의 해외 마케팅 부서 역할을 대행해주는 업체를 말한다.
- 수출무역회사(export trading company , ETC) - ETC는 한 국가에서 물건을 사서 다른 국가에 파는 일을 한다. 작은 회사들은 ETC를 통해서 수출업무를 시작할 수 있다.
- 운송조합(shipping associations) - 작은 물량을 통합할 수 있도록 회원들이 협업하여 조합을 결성한 것
- 운송자 대리인(shipper's agent) – 항구에서 어느 회사의 배에 대한 서비스 제공
- 수출포장회사(export packing companies) – 세관 통과에 요구되는 포장 등 제공

화물요율 분류

화물요율은 거리, 무게, 포장, 필요한 장비 등의 특성에 의해 영향을 받는데, 이들 화물은 유형에 따라 화물요율이 관행적으로 결정된다. 트럭 운송에 대해서는 통상 다음과 같은 요율 유형이 있다.

- 만차 이하 요율(less-than truckload: LTL) – 트럭의 사용가능한 공간을 전부 채우지 않는 화물
- 만차 요율(truckload: TL) – 화물이 트럭 전체를 전부 채울 경우의 요율
- 컨테이너 이하 요율(less-than-vontainer-load: LCL) – 화물이 컨테이너의 최대 용적이나 최대 중량보다 적은 경우의 요율
- 풀 컨테이너 요율(full-container-Load: FCL) – 컨테이너의 용적이나 허용 중량을 거의 채우는 화물의 요율
- 소화물 요율 – 하나의 차량에 여러 개의 화물을 배송할 때의 요율
- 지역 화물 요율(local cartage) – 지역 내 출발지에서 목적지로 단거리 화물, 팔레트를 옮기는 요율

제 10 장 수송 모드

학습목표

1. 수송모드의 유형과 각각의 장단점을 열거할 수 있다.
2. 각 수송모드의 원가구조를 설명할 수 있다.
3. 특수한 요구를 위한 복합 모드가 어떻게 구성되는지 설명할 수 있다.

수송 담당자는 최적의 운송 효율을 위해 다양한 수송모드 중에서 선택을 해야 한다. 각 모드는 각기 장, 단점이 있기 때문에 담당자는 수송모드를 평가하는 데 있어서 다음 사항들을 고려해야 한다.

- 리드타임
- 냉장 등 특수한 요구 조건
- 수송할 제품의 양
- 목적지

이들 요인과 함께 고객의 수송 요구에 적합하려면 다음의 특질들이 맞아야 한다.

- 수송 역량
- 비용
- 수송 용적
- 속도

- 접근 가능성과 변경 가능성(신축성)
- 환경 영향

도로수송 – 트럭

도로수송 개요

도로수송은 전 세계의 모든 비즈니스를 서로 연결하는 수단으로 이용되며, 배달 신축성이 가장 좋은 운송 수단이다. 단거리 퀵서비스에 모토사이클이 이용되기도 하지만 도로수송의 차체는 주로 트럭이다. 이용되는 트럭의 종류는 다음과 같다.

- 픽업, 패널, 밴 – 2축, 4 타이어, 단일 차체의 형태
- 2축 트럭 – 보통 2축, 6 타이어(뒷바퀴가 겹타이어)
- 3축 트럭부터 하중에 따라 6축 이상까지

도로수송 서비스 형태

도로수송은 다음과 같이 다양한 형태로 이루어진다.

- 로컬 픽업 - 모드 간 운송을 할 때 주로 사용된다. 예를 들어 철도에서 픽업하여 트럭 터미널에 배달하거나 목적지에 인도하는 서비스
- 로컬 배송 – 창고나 다른 모드로부터 최종 목적지까지 배송하는 서비스
- 멀티 스톱(multi-stop) - 경로 상에 멈춰야 하는 곳이 여러 개 있을 때 배송 경로를 돌아 오는 중 하나가 아닌

복수의 고객에 서비스하는 방식

- 보세 운송 - 화물을 풀지 않고 목적지 국가의 지정된 세관까지 통관을 미룬 채로 운송함
- 간선(Line-haul) 운송 - 원격지 간에 운전자가 출발지 터미널에서 목적지 터미널까지 밤새 운전할 만한 약 450km 이상의 두 트럭 터미널 간의 운송

도로수송 서비스의 특징

도로수송은 다양한 화물을 한 지점에서 다른 지점으로 옮기는 수단으로서 거리, 양, 화물의 종류를 불문하고 가장 신축성이 큰 운송수단이다. 통념 상 톤-거리 당 운송비용은 높은 편이지만, 상황에 따라 트럭이 적합한 수송모드인 경우가 많다. 예를 들어 LTL 화물을 철도로 옮기는 것은 적합하지 않다.

트럭운송의 원가 구조는 인건비, 연료, 유지보수비, 고속도로통행료 등의 변동비가 전체 비용의 70-90%로서 원가의 대부분을 차지한다는 특징이 있다. 트럭의 배기 가스와 소음은 환경에 스트레스를 주는 요인으로 주목 받고 있다.

도로수송의 원가구조

- 터미널간 수송비용(line-haul costs) - 주행비용은 수송할 거리에 따라 정해지는 비용이다.
- 집배 및 배송 비용(pickup and delivery costs) - 운송업자는 각각의 픽업(pickup) 수와 물품의 중량에 따라 비용을 매긴다.

- 터미널 사용비용(terminal handling costs) – 터미널 사용비용은 선적이 몇 번 이루어졌고, 선적과 하역이 일어났는지에 의해 결정된다.
- 청구서 및 수금 비용(billing and collecting costs) - 선적이 이루어질 때마다 사무처리가 완료되어야 한다.

총 수송 비용은 이들 비용의 총합으로 나타난다. 총 수송 비용을 줄이기 위해서는 다음과 같은 고려를 해야 한다.

- 선적중량을 늘려서 터미널간 수송비용을 줄임
- 화물의 통합(consolidation)에 의해 배송 당 중량을 증가시켜 집배/배송 횟수를 줄임
- 화물 수를 통합하여 소하물의 수를 줄임으로써 터미널 조작비용을 줄임
- 출하 통합으로 출하 횟수를 줄임으로써 서류 처리 비용을 줄임

터미널 간 비용은 거리에 따라 달라지지만, 그 외의 비용은 거리와 무관한 고정 비용이다.

도로수송 – 이슈와 도전

도로수송에 관한 주요 이슈와 도전은 다음과 같다.

- 수요와 공급의 균형 문제인 능력관리, 트럭 운전자의 고용과 수급, 그리고 샤시 공급의 문제 등
- 트럭 운송 중에 발생할지 모르는 기상, 지진 등 자연재

해에 대비하는 위험관리
- 과일과 같이 계절성이 큰 화물의 수요의 대비
- 국가마다 상이한 안전 규제

철도운송

복합 모드 컨테니어와 트레일러는 철도운송 사업에서 큰 비중을 차지한다.

철도운송의 인프라스트럭춰

철도 규격 - 국내에서는 철도 규격이 표준 규격이지만 대륙 간 운송 시 지역 별 사용되는 선로 규격을 고려해야 한다. 세계적으로 사용되고 있는 선로 규격은 다음과 같다.

- 광궤 1.5m 이상: 러시아, 인도 일부, 남미 일부
- 표준 1.4m: 북미, 유럽, 중국, 한국 등
- 협궤 1.0m 이하: 아프리카, 남미 일부
- 듀얼 게이지 – 두 가지 게이지가 함께 통용되는 경우

철도 노선에 관한 인프라스트럭춰는 다음과 같다.

- 스위칭 야드 - 여러 노선을 서로 연결시키고 화물을 노선에 따라 재 적재하는 장소
- 철도부지 – 선로가 놓인 땅과 그 양 옆의 토지

철도 화물의 유형

철도 화물은 전형적으로 리드타임이 다소 길어도 상관 없고 중

량과 용적이 큰 화물을 원거리로 이동시킬 때 적합하다. 화물이 다음의 범주에 들 경우는 철도 운송을 고려해 볼 필요가 있다.

- 농산품, 가축류, 낙농제품
- 건설 자재, 비철 자재, 광물, 화합물
- 수송장비
- Break-bulk 화물, 대 용적 화물

화차의 유형

가장 대표적인 화차의 유형은 boxcar이며 수송하는 화물에 따라 다음과 같은 유형의 화차가 사용된다.

- Boxcar – 단순한 컨테이너 형태
- Hopper car – 석탄, 철광, 곡류, 모래 등 중력에 의해 화물을 하차시킴
- Flat car – 차량이나 다른 수송 수단을 운반할 때 쓰인다.
- Tank car – 개스, 케미컬 등 액체의 수송에 쓰인다.
- Gondola car – 화차의 상부에 덮개가 없는 형태, 원목, 코일 전선 등 형태가 불규칙한 물건을 싣는데 사용한다.
- 냉장차 – 식품과 같이 냉동, 냉장이 필요한 경우에 사용한다.
- 모드 간 수송

  피기백(piggyback) – flatcar 위에 컨테이너를 적재함

  Double-stack – 컨테이너를 겹쳐서 적재함

철도운송 서비스의 특징

철도 운송의 운영과 서비스의 특징을 살펴보면 다음과 같다.

- 특장점 – 다양한 상품을 장거리로 상대적으로 낮은 가격에 운송
- 원가구조 – 변동비(노동력, 연료, 전력), 고정비(재산세, 건물 유지보수, 장비 유지보수), 중간 성격의 비용(선로 보수, 터미널 구조 변경, 장비)의 3가지 유형으로 나눌 수 있다.
- 환경 효율/유효성 - 철도는 트럭에 비해 에너지 효율이 3~4배 높다. 교통혼잡에 따른 정체가 없고, 이산화탄소 배출을 더 적게 해서 환경 친화적이다.
- 용적 – 철도는 비교적 저가의 대용적 화물을 먼 거리로 수송하는 데 적합하다.
- 접근 가능성/신축성 – 철도의 모니터링 능력, 모드 간 수송 능력으로 송화인의 관여 없이 목적지까지 배달된다.

철도운송의 이슈와 도전

철도 운송의 이슈와 도전 과제는 다음과 같다.

- 운송일정의 신축성이 떨어진다.
- 비용 효율이 높다.
- 리드 타임 – 중량이 크고 용적이 크면서 신속한 리드타임이 요구되지 않는 화물을 보낼 때 적절하다.
- 제한된 허브 기능 - door-to-door를 위해서는 도로수송

과 결합되어야 한다.

- 환경 친화적이다.
- 국제적 상호 연결성이 지역 별로 다르다.
- 작동오류에 의한 탈선 사고가 간혹 일어난다.
- 진동은 화물과 철도에 손상을 준다.

항공운송

항공운송 개요

항공운송은 항공화물에 적합한 제품을 항공기의 짐칸 또는 내부 캐빈에 실어 운송하는 것이다. 항공화물은 단납기 리드타임이 요구되는 고가, 저중량의 반제품 또는 완제품을 주 대상으로 한다. 예를 들면 컴퓨터 제품, 손상될 수 있는 식자재, 의류, 정밀기기, 의료장비, 화장품 등을 들 수 있다.

항공운송을 위해서는 활주로 길이, 터미널 시설, 램프 설비, 공항의 착륙비 등을 포함하여 인프라스트럭춰에 대한 고려가 필요하다.

터미널의 활주로 길이와 항공 교통통제 시스템과 항공안전 시스템에 따라 터미널에 이착륙이 가능한 비행기의 크기와 형태가 달라진다.

항공운송용 항공기의 형태

항공화물을 위해서는 다음 두 형태의 항공기가 이용될 수 있다.

결합형 항공기

- 화물과 승객을 함께 수송한다.
- 메인 데크와 화물칸에 화물을 적재한다.
- 승객과 수화물을 싣기 위해 화물을 덜어낼 수 있다.

항공화물 전용 항공기

- 우편물, 소포, 화물 전용 항공기
- FedEx, UPS 등에서 이용

항공운송 화물의 시장 특성

다음과 같은 시장 특성을 갖는 화물에 항공운송이 사용된다.

- 수요가 예측 불가능
- 특정 지역의 수요가 공급을 초과함
- 계절성을 갖는 화물, 예: 크리스마스 시즌
- 주된 이점은 배달 속도이며, 파손이나 상할 염려가 큰 상품에 적합

항공운송의 장단점

전체적으로 볼 때 항공운송의 장단점은 다음과 같다.

장점

- 화물을 장거리에 신속하고 안전하게 수송할 수 있다.
- 소멸성 상품, 긴급 장치, 인도적 지원품 등 신속하고 효과적으로 배달 가능하다.

단점

- 항공기 규격에 따라 화물의 크기와 중량이 제한된다.
- 항공운송의 안전 및 보안 규정에 따라 화물운송이 제한될 수 있다.
- 항공 화물 운송단가가 높은 편이다. 단, 가격 경쟁에 의해 항공운송의 원가가 낮아지고 운영효율이 상승하는 추세임

수상운송

오늘날 전 세계에 운행 중인 상선은 50,000 척 이상으로, 예로부터 해운은 국제 교역을 위한 전통적인 운송 수단으로 이용되어 왔다. 해상운송 화물의 전형적인 예로서는 원유와 석유 제품, 석탄, 광석, 곡류와 목재, 건설 자재와 같은 대용량 화물이었다. 이제 이런 저가 상품뿐 아니라 자동차 수출입 화물과 같은 고가품도 해상운송 화물의 대상이 되고 있다.

어떤 화물을 수상운송의 대상으로 할 것인지 선택할 때에는 다음과 같은 점이 고려된다.

- 비용 – 대용량, 큰 포장의 물품을 장거리로 운송하는 가장 경제적인 수송 수단이다.
- 속도 – 속도가 이슈가 아니라면 해상운동은 경쟁력 있는 선택이다.
- 물자 핸들링 – 물자 처리는 대개 더딘 편이다.
- 지연 – 예정일보다 도착이 지연되거나, 하역 항구에서의 지연, 기상과 조수간만에 의한 지연 등 지연 가능성이 높다.

- 손상 – 물자처리 특성에 의해 제품과 포장이 손상되는 경우가 있다.

수상운송 인프라스트럭춰

수상운송의 터미널에 해당하는 항만은 주로 지방 정부나 중앙정부에 의해 운영되며, 항구 이용에 대한 비용과 세금을 부과한다. 수상운송을 위한 주요 인프라스트럭춰로서는 다음과 같은 것이 있다.

- 내륙 항구- 운하, 강, 연안 항로를 위한 터미널
- 항구과 항만 - 국가 간 수출입 운송을 위한 상업 항만 구역으로서, 항만 행정기관이 항구 및 인프라스트럭춰를 관리한다.
- 항구 깊이 - 좋은 항구가 되려면 항구의 진입 통로, 부두가 깊고 장애물이 없어야 한다. 항로는 정기적으로 준설되어야 하고, 가끔 더 큰 배를 위해 더 깊게 파야 한다.

수상운송 화물선의 유형

- 정기선(liner carriers) – 자동차를 실을 수 있는 roll-on, roll-off (RO-RO), 대용적 수송선, 컨테이너선
- 전세운송선 – 계약에 의해 전세를 낸 수송선으로 항해용선계약(voyage charter)은 특정 여정을 단위로 한 것이고, 정기용선계약(time charter)은 일정 기간을 단위로 전세를 낸 것이다. 나용선 계약(bareboat or demise

charter)은 선주로부터 아무런 운행 상의 도움을 받지 않고 화주가 화물선에 대한 모든 통제를 하는 방식이다.

- 탱커 – 환경 상의 위험을 고려하여 이중 격실의 구조를 갖추고 있다.
- 내륙용 바지선 – 스스로 움직이거나 줄에 매어 끌리는 방식으로 운행한다.

수상운송 운영 특성

- 능력 - 다른 운송모드와 비교할 때 해상운송은 하중이 많이 나가는 화물을 대륙 간 운송할 수 있는 운송수단이다.
- 용적 - 해양 수송선은 400 TEU(twenty-foot equivalent unit) 내지 19,000 TEU를 실어 나를 수 있다.
- 원가구조 - 국제화물 수송에 있어서 속도가 문제시 되지 않는 화물에 대해 수상운송은 가장 경제적인 대안이다.
- 자동화 항만과 수작업 항만 – 모드 간 운송 및 터미널 자동화 장비 여부는 초과할증금(demurrage)을 발생시킬 수 있다.

복합운송모드

모드 간/ 다중 모드 수송에는 해상-육상(ocean-truck or fishyback) 모드, 도로-철도(on-dock rail or piggyback) 모드, 항공-육상(air-truck or birdyback) 모드 등이 있다. 각 개별 모드는

상이한 운송업자가 있고, 복합 운송 시 각 운송업자와 독립된 계약이 필요하다.

대양 복합운송은 대륙간 대용량 화물의 이동을 저렴한 비용으로 가능하게 하고 운송의 생산성을 높였다.

- 해상-육상 조합은 항구에서 목적지로 신속하게 도달하도록 하여 국가 간 교역 제품을 경쟁력 있게 한다.
- 항공-육상 조합은 패션품과 같은 지급 상품이나 전자제품 같은 고수요품을 지급 운반할 수 있게 한다.
- 도로-철도 조합은 철도의 대차 위에 장거리 운송용 트레일러를 적재하여 운송함으로써 비용을 낮추면서 운송 속도를 높이는 운송 방식이다.

복합모드 수송과 컨테이너의 사용

모드 간 수송은 글로벌 교역을 증진하게 한 수단이 되었는데, 그 핵심에는 컨테이너의 사용이라는 혁신이 있었다. 컨테이너의 사용은 1955년 Malcom McLean이라는 트럭 운송 기업가에 의해 시작되었는데, 그 이전에 항구에서 선적과 하역을 위해 오랜 시간이 걸리던 것을 각지에서 미리 컨테이너에 적재해 운반한 후 곧바로 선적할 수 있게 됨으로써 선박의 운영 사이클을 대폭 단축하게 된 것이다.

컨테이너 사용의 장단점

컨테이너 수송은 개별 물자의 취급을 할 필요 없이 컨테이너 단위로 물자 취급을 하면 된다는 점이 최대의 장점이다. 구체적으로 컨테이너 사용의 장단점은 다음과 같다.

장점:

- 작은 저용적 제품이 편리하고 안전하게 수송될 수 있다.
- 상품은 안전하고 물리적으로 보호된다.
- 재고 처리 업무는 대폭 줄어든다.
- 컨테이너는 외부 야적장에 보관될 수 있다.

단점:

- 빈 컨테이너를 수송하는 비용이 컨테이너 가격보다 더 들 수 있다.
- 표준 차량에 비해 컨테이너 규격이 작은 경우 비효율적이다.
- 밀폐된 컨테이너로 인해 밀수품이 반입될 수 있다.
- 컨테이너는 특히 바다에서 분실되는 경우가 있다.

복합모드 수송의 특성

제품 특성

- 컨테이너 내에서 이동되고 목적지에서도 컨테이너에 보관되므로 운임 부담력이 높은 건화물에 적합하다.
- 복합모드 화물은 모드 간 최적 조합을 선택하여 여러 차례 door-to-door 배달이 가능하다.

서비스 특성

- 고객의 요구에 가장 효율적인 조합을 선택하는 것이 단

일 모드에 비해 용이하다.
- 복합 모드 의사결정은 용적, 경로, 비용, 납기에 의해 이루어진다.
- 복합 모드 운송은 화물의 크기 등에서 각 단일 모드의 장점을 취할 수 있다.

복합운송 모드 선정 시 고려 사항
- 고객까지 door-to-door 운반하는 데 어떤 조합이 좋은지 선택해야 한다.
- 분실에 따른 법적 책임을 명확히 해야 한다.
- 글로벌 운송 시 국가마다 다른 규정, 장비의 부족 등으로 리드타임이 길어질 위험이 있다.

안전성

모드 간 수송은 점차 안전도가 높아지고 있다. 기술 발달로 인해 화물의 적재 실무가 안전해졌으며, 수송관리시스템(TMS)은 가시성을 높여 발송인이 애로 지역을 예비하여 경로, 운송수단, 일정 등을 변경하는 것이 가능하게 되었다. 복합모드 이용 시 선적의 가시성을 높이기 위해 발송인은 경험 많은 국제 화물 포워더를 통해 업무를 대행하게 한다.

소포/쿠리어/속달

이는 정기 운송수단과 작은 패키지를 보내려는 니드 간 갭을 메우는 서비스로서 작은 물품을 수송하는 필요에 의해 발달하였다.

전자상거래와 고객의 수요 증가에 따라 소포, 쿠리어, 속달 수요는 계속 증가 중이다. 이 서비스는 국내 물류에서는 택배 서비스로 통칭할 수 있다.

- 소포(parcel) - 정해진 무게까지의 패키지를 취급하여 수송해주는 전문회사의 서비스(FedEx, UPS, DHL)
- 쿠리어(courier) - 개인과 사업체를 위해 중요 서류, 소포, 기타 품목을 전달해주는 서비스; 국제우편물 일관수송(一貫輸送) 대행업
- 속달(express) - 미리 정해진 날짜 내에 배달을 보증함

소포, 쿠리어, 속달 운영 및 서비스 특성

- 적용성 – 이들 서비스의 수요는 일반 대중이 서류, 소포, 작은 소매품 구매에 얼마나 이용하느냐에 의해 달라진다.
- 원가구조 – 작은 포장 단위를 배송하려는 수요와 시장 경쟁에 의해 가격이 결정된다.
- 대부분의 회사는 자신의 웹사이트를 통해 운송비를 공개하고 있다.
- 용적 - 어떤 물건을 보내느냐에 따라 허용 한도는 달라진다. UPS의 경우는 68kg까지, 국내 택배는 30kg까지 허용된다.
- 속도 - 익일 배달 또는 당일 도착을 요하는 경우 고객은 추가 비용을 부담한다.
- 접근성/신축성 - 인터넷을 통해 선적 요청을 하는 서비

스가 가능하여 접근성/신축성이 좋다.

- door-to-door service 를 요하는 고객이 이용하기 쉬운 수단이다.
- 환경 효율/유효성 - 가능하면 리사이클 가능한 포장, 또는 포장재를 덜 쓰는 포장을 권고한다.
- 안전 - 안전 절차를 준수하고 예방조치를 함으로써 회사는 대부분의 안전 문제에서 면책될 수 있다.

수송 관리

수송관리는 출하에서 배송에 이르는 수송 서비스 전반을 계획하고 일정을 세우는 일로서 인바운드 및 아웃바운드 로지스틱스 활동의 모니터링과 집행(경로계획, 청구서 발급, 지체의 관리), 관세 업무, 일정의 관리(위치추적, 독촉, 통합), 서류 작업 등이 포함된다.

수송모드 선택 시 고려사항

글로벌 물류 환경에서 수송 모드를 선택하려면 다음을 포함한 다양한 요소를 고려해야 한다.

도착 국가의 인프라스트럭춰

- 무역장벽
- 수출 통제 또는 라이센스
- 법령과 세금
- 경제성

- 문화
- 기후
- 지역별 제한사항
- 정치적/ 지리적 제한

서비스 수준 요구 조건

- 인도 지점의 제약사항
- 신용 등급
- 판매 우대 조건
- 대량 오더 우대 조건
- 고객의 중요성
- 제품 지식

부피 대 무게 비율

- 무게 당 가치 비율
- 대체 가능성
- 기타 특기사항

경로 계획과 일정 계획

모드 선택 후에는 경로 계획과 일정 계획을 수립해야 한다. 일정 계획은 어떤 고객 주문을 모아서 보낼 것인지에 관한 것이고 경로 계획은 이들 주문이 배달되는 경로 순서를 말한다. 경로를 계획하고 최적화하는 데는 다음과 같은 분석이 필요하다.

- 이동 시간 - 이동시간과 정시 인도 성과, 이를 위한 적

절한 일정계획, 경로계획, 정지 위치의 순서 등

- 애로 지역 - 예를 들면 장비가 부실한 항구, 국경 통과의 혼잡도가 높은 지역 등은 수송 시간을 지연시킨다.
- 최대 장비용적 - 통과세, 항만세, 기타 경로와 관계된 부대비용을 최소화하기 위해서는 장비의 능력을 최대화하여 사용해야 한다. 즉 장비 효율을 올릴 수 있도록 모든 공간을 채워 적재해야 한다.
- 안전도 - 제품과 작업자의 안전을 포함한 안전도, 해상 또는 육상 경로 중 납치나 제품 도난의 위험이 있는 부분이 없나 조사해야 한다.

여정 및 경로 계획수립

여정 및 경로계획을 수립하는 단계는 다음과 같다.

1) 지도에서 하역 지점을 표시한다.
2) 각 하역 지점 별 수요와 제약점을 표시한다.
3) 거리측정의 규칙을 결정한다.
4) 한번의 여정을 계획할 만큼 충분히 큰 하역 지점을 찾는다.
5) 클러스터 되어야 할 여정끼리 묶는다.
6) 적치장에서 가장 가까운 곳으로 최종 여정을 형성한다.
7) 각 여정들을 재평가하여 통합한다.
8) 이 계획을 수행하는 데 필요한 수송단을 결정한다.

제 11 장 글로벌 로지스틱스

학습목표

1. 국제무역 이론, 인프라스트럭춰 특성, 국제물류 관련 전문가 영역을 설명할 수 있다.

2. 자유무역, 국제 수송 상의 법규와 규제를 설명할 수 있다.

3. 송장, 수출서류, 세관서류, 인코텀(Incoterms)에서 규정한 책임소재를 설명할 수 있다.

글로벌 로지스틱스 이론

보완재와 대체재

글로벌 로지스틱스에 영향을 미치는 요소 중에는 보완재와 대체재의 확산을 들 수 있다.

- 보완재 - 사용 속도는 다르지만 함께 주문해야 하는 품목을 보완재라 한다. 예: 면도기와 면도날
- 대체재 - 유사품이 품절일 때 구매할 수 있는 품목으로서 구매자의 협상력을 높여 준다.

대체재가 있을 경우에는 품절 비용이 낮아지므로 재고 보유 시

안전재고를 낮게 보유하거나 또는 보유하지 않아야 한다.

가격 이론

글로벌 물류의 수송수단에 대해 가격 결정을 적절히 하려면 수송 모드 별 가격이 어떤 형태의 시장 구조에 의해 결정되는지 이해해야 한다.

- 규제 가격 – 자유 경제 국가에서는 점차 규제가 철폐되는 추세지만, 아직 정부에 의해 가격이 정해지는 경우도 많다.
- 시장 가격 - 시장 가격은 다음과 같은 시장 구조의 하나에 의해 결정된다.
  - 열린 경쟁가격
  - 과점 가격: 소수의 대형 판매자
  - 독점 가격: 단일 경쟁자
  - 경쟁적 독점가격: 다수의 작은 공급자
- 서비스 원가에 의한 가격 결정 – 이는 서비스를 제공하는 데 야기되는 평균 비용을 기준으로 하고 여기에 적정한 마진을 더하여 가격을 책정하는 정책이다. 이 가격은 대개 규제 시장에서 바닥 가격 지정하는 역할을 한다.
- 서비스 가치에 의한 가격 결정 - 수송 업자는 고가품에 대해서는 고가 정책을 쓰는 경향이 있는데, 이 가격 정책은 이익 최대화 전략으로 인식된다. 그러나 경쟁이

심화에 따라 가격이 낮아지는 영향을 받는다. 이 가격은 경쟁 시장에서 천정 가격 지정하는 역할을 한다.

국제무역 이론

글로벌 물류를 형성한 역사적인 관점들을 이해하려면 몇 가지 글로벌 무역이론에 대해 살펴볼 필요가 있다.

국제적 제품수명주기 이론

- 1 단계: 제품이 최초 선진국의 시장 수요을 만족시키기 위해 개발된다. 지적 재산 기술은 선진국 간에만 통용된디.
- 2 단계: 선진국 내에서 상이한 특허를 써서 모방 제품과 유사품이 개발되고 개발도상국의 상류층에 확산되어 시장이 확대된다.
- 3 단계: 개발도상국의 기업이 제조 라이선스 계약을 맺어 대량시장에 진입함으로써 제품원가가 낮아진다.

클러스터 이론

클러스터 이론이란 공급자와 경쟁자들이 지리적으로 근방에 모여 있을 때 경쟁우위가 생긴다는 이론이다. 로지스틱스에서도 이와 유사하게 로지스틱스 서비스 제공자들이 클러스터를 이룰 때 그 지역 전체가 제조업자와 물류 허브를 형성하여 경쟁우위가 생긴다.

절대우위 이론과 비교우위 이론

절대우위 이론은 하나의 제품에 대한 생산성이 어디가 더 높은지에 의해 경쟁우위를 갖는다는 이론이다. 그러나 글로벌 교역은 자원의 기회비용에 관한 것이기 때문에 어느 특정 제품에 대해 절대우위는 낮더라도 비교우위에 의해 두 나라 모두에게 만족을 증진할 수 있는 국제 분업을 이룰 수 있다.

글로벌 로지스틱스 인프라스트럭춰

글로벌 로지스틱스를 운영하려 할 때 고려해야 할 인프라스트럭춰로서는 수송, 유틸리티, 서비스, 규제 등 법적 인프라 등이 있다. 일반적으로 후진국은 선진국에 비해 인프라스트럭춰가 열악하여 글로벌 로지스틱스의 증진을 막는 요인이 되고 있다.

수송 인프라스트럭춰

- 운하와 수로 - 국제 교역로로 중요한 운하와 수로는 보스포러스 해협(터키), 파나마 운하, 세인트 로렌스 해로, 수에즈 운하 등이다. 이들 해로는 깊이를 유지할 수 있도록 해야 하므로 유지 보수가 중요하다.
- 항구 - 접근로의 깊이, 선석, 교량의 높이 등은 어떤 크기, 유형의 배가 접안할 수 있는지 결정하게 하는 요소들이다.
- 철도 - 국가마다 철도 인프라스트럭춰의 여건, 주된 사용 목적, 운영 주체 등에서 각기 상이하다. 대륙 간 철도 화물의 이동 시 레일 규격의 차이에도 주목해야 한

다.

- 도로 – 국가에 따라 도로의 포장 수준이 큰 차이가 있고, 교통혼잡의 정도도 다르다. 교통 혼잡으로 인해 번호판 홀짝제, 도심 진입 비용 등의 제도가 운용되기도 한다.
- 창고 – 화물 이동 중 중간 적치 장소에 대기할 경우 창고 인프라스트럭춰가 중요하므로 지역 별 창고 공간과 조건에 대한 조사가 필요하다.
- 공항 - 활주로 길이는 가장 큰 제약 조건이다. 항공화물 허브 공항을 이용하면 국제 화물처리가 원활하다.

기타 인프라스트럭춰

- 유틸리티 – 전기, 수도, 하수관과 연료 파이프라인의 노후 정도
- 지원 서비스 – 은행, 포장과 배달 서비스, 화물 포워더, 오더 충족 물류창고, 제3자 물류 제공자 등
- 규제 – 분쟁 발생 시 공정한 해결이 가능한지 여부, 지적 재산권의 보호 등

국제무역 전문회사

글로벌 비즈니스를 영위하는 회사들이 도움을 받을 수 있는 국제무역 전문회사에는 다음과 같은 유형이 있다.

- 수출관리회사

- 수출 포장회사
- 국제 화물 포워더
- 정기화물취급 중개회사
- 선적 감사(shipment auditors)

글로벌 로지스틱스 관련 협정과 규제

글로벌 교역이 증진함에 따라 국가 간 상호작용을 증진하거나 규제하는 협정과 규정들이 폭넓게 제정되러 있다.

자유무역협정(FTA)과 블록

자유무역협정

자유무역협정(free trade agreement, FTA)은 둘 또는 그 이상의 국가 간 무역 상의 관세, 쿼터, 기타 세금 등의 무역 장벽을 제거하기로 맺은 협정을 말한다. FTA의 예로서는 북미 자유무역협정(NAFTA), 환태평양 자유무역협정(TPP) 등을 들 수 있다.

자유무역협정을 맺음으로써 다음과 같은 이점이 있다.

- 커뮤니티 내 개방된 무역으로 신속하고 더 많은 거래가 가능하도록 촉진한다.
- 무역 장벽과 수송 제약의 제거로 국제 화물수요가 증대된다.
- 세금의 감소 혹은 제거로 자본의 자유이동이 증진된다.
- 서류의 표준화 및 단순화, 시험표준이 정비된다.

무역 블록

무역 블록(trading blocs)은 주로 지리적으로 인접한 국가들이 협상을 맺어 역내의 무역 장벽을 줄이거나 제거하는 것이다. 주요 무역 블록으로서는 EU, AL, AU, PIF, EFTA, CARICOM, UNASUR 등을 들 수 있다.

국제교역에 관한 규정들

정부나 교역협회는 정책과 절차를 두어 국제 교역을 하는 데 요구되는 규정들을 두고 있다.

국제 교역에 관한 정부 규정

- 관세
- 수입 쿼터
- 수입 금지품
- 신박 입출항 금지(embargos)
- 국가 별 공휴일

IATA 국제항공운송협회

전 세계 260 항공사가 참여하여 전체 항공운송의 85%를 점하고 있는 협회로서 IATA는 항공운송에 관한 산업 규정을 내 놓고 있다.

- 기존 평균 화물 당 20 종의 수작업 서류가 사용되던 것을 e-freight waybills 사용을 권장하여 수작업 서류 줄

임

- IATA 국제 화물전략(cargo strategy)으로 안전, 보안, 효율을 높임
- 화물 포워더 협회 등의 상위기관인 글로벌 항공화물 권고기구(Global Air Cargo Advisory Group)에도 관여함

뇌물 및 부패 방지

여러 나라들이 수출을 늘이려고 경쟁하는 중에 뇌물에 의존하여 시장 진입을 꾀하는 경우가 있다. 뇌물은 UN 글로벌 콤팩트(UN Global Compact)의 위반으로서, 다음과 같은 협약으로 이를 방지하기 위한 노력이 이루어지고 있다.

- OECD 반 뇌물 협약(OECD Anti-Bribery Convention): 각 국가는 규정을 만들어야 하며, 회사는 뇌물을 비용으로 처리해서는 안 된다는 등의 내용을 기술하고 있다.
- 영국 뇌물방지법(Bribery Act 2010, U.K.): 수동적 뇌물, 적극적 뇌물, 뇌물 방지의 실패, 뇌물 전과자 취업 및 근속 금지 등을 규정하고 있다.

국제 수송안전에 관한 규정

국내에서의 수송과 달리 국제 수송에서는 다음과 같이 많은 고려 사항들이 발생한다.

- 다중 모드가 이용된다.
- 이동시간이 길다.
- 낮은 가시성과 증대된 복잡성으로 도난 위험이 크다.

- 많은 서류작업이 요구된다.
- 법규 위반이나 서류 미비 시 벌금이 부과된다.
- 세금, 수수료, 관세에 대한 고려가 필요하다.
- 국가 간 환률의 변동에 대비해야 한다.
- 국가 간 철도 규격 차이, 운전사의 교대근무, 교통 신호 체제, 속도제한의 차이, 도로 조건의 차이, 트럭 크기, 적재하중 한도 등의 차이를 고려해야 한다.

안전 규제 이니셔티브

다음의 예는 테러 위험 등에 선제적으로 대처하기 위해 공급체인 전반에 걸쳐 안전을 촉진하는 규정과 계획들이다.

- 테러리즘에 대비한 세관-무역 파트너십(C-TPAT) - 10,000 여 개의 수입, 운송업자 파트너 기업들이 참여하여 세관, 항구, 제조업체들과 함께 테러리즘에 대비한 공급체인의 안전을 증진을 모색함
- 사전 적하목록 규정(advanced manifest rule, AMR) -화물이 선적되기 24 시간 이상 전에 전자서류를 입력해야 함
- AES(automated export system) - 수출 허가내용의 자동보고에 관한 규정

약탈 등으로부터의 안전

글로벌 교역에서 차량이나 배를 탈취 당하는 사고를 방지하기 위한 조치들은 다음과 같은 사항들이다.

- 항만에서 일할 작업자의 신원 조회를 포함하여 CO_2 감지, 유리 파손 시 경고하는 장치를 설치함
- 폭발물을 감지하는 RFID 장치를 설치함
- 차량 이동을 불가능하게 하는 이동불능 장치를 설치함
- 유리 파손이 가능한 부위를 줄이고, 번호판을 보이게 함
- 차량 키 안전을 위한 조치, 운전자 ID 착용, 적치장에서는 허용된 장소만 이용하도록 규정화함
- 귀중품을 운반할 때는 여러 차량이 함께 움직일 때는 호송차량 배치
- 경로 트래킹과 가시성 확인 시스템 설치

작업자 안전

운전자의 피로와 과속은 차량 충돌 사고의 주된 원인이다. 이에 EU는 국경을 지날 때 트럭의 최대 운전시간을 초과했는지 체크한다. 미국도 U.S. 2010 CSA 등급을 기록하여 1만 파운드가 넘는 모든 상업용 차량에 대하여 안전하지 않은 운전이나 사고 기록, 서비스 시간, 운전자의 신체적 적합성, 알코올 기타 약물, 유지보수, 화물 등의 과거 이력을 관리한다.

위험물 운송

정부에 의해 위험물로 지정된 물질을 옮길 때에는 엄격한 관리 규정에 따라야 하며, 운전자도 규정에 맞게 교육훈련을 받아야

한다. 위험물의 운송에 지켜져야 할 실무 절차에는 상·하차 방법, 포장, 경로계획, 표식과 라벨 붙이기, 서류화 등이 포함되며, 수송 모드에 따라 관련법이 달라진다.

미국의 예
위험물이 미국의 도로에서 운동될 때에는 49CFR을 적용하며 철도로 운송될 때에는 FRA 규정을 적용하고, 항공으로 운송될 때에는 ICAO의 규정에 따른다.

글로벌 시장 진입

글로벌 시장 진입 방법

글로벌 시장에서 활약하고 있는 기업들도 처음에는 적은 양의 수출로부터 시작하여 점차 규모를 키운 것이다. 글로벌 시장 진입을 추구하는 회사는 시장 전략, 수출하고자 하는 제품 유형 및 제품의 수명주기, 시장의 규모와 형태, 현지의 제약조건, 시장의 성장성 같은 변수를 고려해야 한다.
글로벌 시장에의 진입 전략은 고도화되는 순서에 따라 다음과 같은 형태로 나타난다.

수출

글로벌 시장 진입 방법 중 수출은 가장 기본적인 방법이다. 수출에는 대리인, 대리점, 마케팅 자회사, 해외영업 회사 같은 협력 업체의 도움을 받는 경우가 많다.

라이센싱

해외의 제조업자와 계약에 의해 제조회사의 생산 프로세스를 제공 받아 현지에서 생산하고 계약에 의한 기술료를 받는 방식이다.

간접수출

간접 수출은 수출 무역 회사, 수출 영업관리 회사, 해외의 유사 제품을 생산하는 업체에 부품을 공급하는 피기백(piggyback) 방식의 수출을 말한다.

합작

해외의 기업과 제휴하여 합작 기업을 설립하고, 그 회사를 통해서 제품을 생산, 판매하는 방식이다.

해외 직접 투자

해외에 직접 투자하여 생산시설을 소유하는 방식이다. 다른 방식들에 비해 회사의 자원에 대한 통제 권한이 가장 잘 발휘될 수 있는 반면에 시장 실패의 위험 등 부담해야 할 위험이 크다.

수출입에 대한 규정과 규제

규정

수출입에 관한 책임을 명확히 하기 위해서는 인코텀(Incoterm) 무역 조건을 명시해야 한다. 통일 상품명 및 부호체계(harmonized system code)는 화물의 내용과 관련 제한 사항, 수수료, 세금을 책정하는 데 사용된다. 그밖에 수입 관세, 반 덤핑 관세, 기타 수수료 율이 규정에 의해 확인되어야 한다.

규제

다음과 같은 다양한 목적을 위해 수출입 규제가 이루어질 수 있다.

- 수출 쿼터와 세금
- 수출금지품의 지정
- 특정 국가나 개인에 대한 수출 금지
- 적성국가와의 무기 거래 규제 등

통관과 서류

글로벌 물류를 위한 수송 모드가 선택된 후에는 화물을 운송하는 데 요구되는 절차를 진행해야 한다. 글로벌 물류에서 선적 프로세스는 다음과 같다.

글로벌 선적 프로세스

글로벌 수출 화물을 선적하는 절차는 다음과 같다.

1) 운송예약: 수송 회사 또는 제 3 자 물류회사와 운송 예약을 한다. 해운은 2 주 전, 도로와 항공은 5 일 전에 예약해야 한다.
2) 화물 준비: 화물 적재일자(cargo ready date)에 맞춘 선적 준비를 한다.

3) 송장과 화물 목록, 선하증권을 준비하고 빈 컨테이너를 예약한다.
4) 항구까지 화물을 운송한다.
5) 통관 중개업자를 통해 수출 통관허가를 받는다. :
6) 선적: 화물선 또는 항공기에 선적하고 화물 추적 상태를 COB(confirmed on board) 상태로 업데이트한다.
7) 통관 중개업자에 의해 수입 통관을 위한 서류를 확보한다. 대부분의 화물은 배에 실린 채로 수입 통관을 받지만 일부 필요한 경우는 보세 구역에서 수입 검사를 실시한다.
8) 화물을 찾을 수 있도록 인도 오더를 발급 받는다.
9) 배 또는 항공기로부터 화물을 반출한다
10) 트랙터에 빈 샤시를 장착하고 터미널에서 컨테이너를 픽업한다.
11) 화물을 픽업하여 목적지에 배송한다.
12) 수취인은 화물을 하역하고 빈 컨테이너를 신고한다.
13) 빈 컨테이너를 회수하여 터미널에 반납한다.
14) 대금지불 처리: 운송업자, 세관, 검사자, 터미널, 제 3 자 물류회사, 공급업자에게 관련 대금을 지불한다.

수입 서류

수입서류의 목적은 양질의 제품이 입고되었으며, 관세 분류가 정확함을 확인한다. 자국의 수입자가 피해를 보지 않도록 보호하는 것 등을 포함한다. 수입서류에는 다음과 같은 것들이 있다.

- 각종 증명 – 원산지, 생산자, 검사, 보험 증명 등
- 수입면허 – 수입업자가 특정한 제품을 수입할 수 있음을 허가하는 서류
- 무관세통행증(Carnet) – 여러 국경을 단지 통과해야 할 때의 통행증

수출 서류

수출서류에는 다음과 같은 것들이 있다.

- 수출 신고서 – 수출하는 내국인이 정부에 수출품목의 명세에 대해 신고하는 서류
- 반품 신고서 - 품질 문제 등 여러 이유에 의해 반품되는 경우의 신고서
- 수출 면허 – 정치적 또는 군사적 이유로 통제를 할 필요가 있는 품목에 대해 어떤 나라에 정해진 수량의 수출을 할 수 있다는 정부의 허가를 말함
- 수출세 및 쿼터 – 국가에 따라서는 수출세가 부과되며, 어떤 제품에 대해서는 쿼터로 할당하여 수출 물량을 제한하기도 한다.

국제운송 서류

국제 화물의 수송업자에게 화물의 여정 전반에 걸쳐 지침을 주는 서류에는 다음과 같은 것들이 있다.

국제 선하증권

선하증권(bill of lading)은 법적인 서류로서 다음과 같은 역할을 한다.

- 계약의 역할 – 운송업자가 지정된 수취인에게 선적된 상품을 인도해야 한다는 계약
- 수취인이 사인을 함으로써 화물의 접수에 대한 영수증의 역할
- 지연, 분실, 손상 등의 경우 운송 클레임의 기준으로서의 역할
- 화물 조건의 표시 – 화물이 양호한 상태인지 손상된 상태인지를 나타내는 역할

운송장(waybill)

선하증권과 같이 운송장은 화물에 대한 계약의 증명이 되는 서류이나 소유권의 서류는 아니며, 인도가 자동적으로 지정된 수취인에게 가도록 정해져 있으므로 서류를 화물 수취인에게 꼭 보내줄 필요가 없다.

통관

통관 절차는 국가마다 다를 수 있으나 대개 다음과 같은 절차를 따른다.

- 수입신고: 수입업자가 물건 도착 7-10일 전에 수입신고를 한다. 첨부서류는 CBP 요약, 송장, 선적 및 패킹 리스트, 채권 납부 증명

- 세관에 신고: 세관은 도착을 통지하고, 운송업자는 하역을 신청한다.
- 세관 검사: 세관은 물건의 가격, 세금납부 상태, 레이블 내용, 원산지, 금지품 여부 등을 조사할 수 있다. 문제시 되는 경우 억류하거나 되돌려 보내거나 파괴할 수 있다.
- 세관 관세 책정: 세관은 HTS에 기초하여 관세를 책정한다.
- 물품 인수: 세관은 수입업자 또는 보세창고에 물건을 인계한다.

통일 상품명 및 부호체계

국제적으로 표준화된 상품 기술방식(Harmonized System, HS)으로 세계 180국 가까이 이 분류체계를 사용하고 있다. HS의 구조와 용도는 다음과 같다.

- 10자 코드 중 처음 6자는 기본 분류이고 나머지 4자는 자국의 보조 분류코드로 사용한다.
- 송장 가치를 평가하고 세금을 매기는 기준이 된다
- 세관이 분류의 권한을 가지지만, 수취인은 어필할 수 있다.

국제 무역의 지불 방법

국제 무역을 영위하려면 해외에 있는 당사자와 여러 가지 계약들을 체결해야 한다. 각종 필요한 의무와 계약은 다음과 같다.

- 수입업자-수출업자 간의 계약: 판매계약, 보험계약, 화물계약 (운송업자 포함), UN 물품교역 지침에 의한 계약들
- 은행과 수출업자, 수입업자 간의 지불방식에 관한 계약
- 수출업자와 배송업자 또는 대리점 간의 계약

국제 무역에는 사전에 만난 적이 없는 당사자와 거래를 한다는 점에서 상업 상의 위험 요인이 있음을 알고 있어야 한다. 상업적 위험이란 지불이 되지 않는다거나 일부만 지불되거나 지연된 지불, 또는 상품이 인도되지 않거나 수취 불가능한 경우 등을 말한다. 또한 국가 간의 정치적 문제로 수출업자가 상환청구의 제약이 생길 수 있다.

계약 조항과 조건들

국제 무역을 위한 계약을 체결할 때에는 계약내용에 대해 잘못된 해석의 가능성이 없도록 명확한 계약이 되어야 한다. 다음은 계약서에 포함해야 할 조항들이다.

- 계약 언어
- 물건의 물리적 특성 – 명세, 품질, 수량, 인도 장소
- 지불 - 가격책정, 포장, 수송과 세금 지불 조건, 환률
- 책임 – 서류, 취급 주의, 소유권의 이전, 보험 책임
- 통제 - 품질, 표준, 안전, 지적 재산권, 인센티브와 페널티
- 관계 – 커뮤니케이션 방법, 법적 관할과 분쟁해결 절차, 종료

인코텀

인코텀(Incoterms)은 국제 상공회의소(international chamber of commerce: ICC)가 만든 기준으로서 국제통상 거래에 관한 다음의 책임관계를 간명하게 하는 데 목적이 있다.

- 수출자의 과업과 지불
- 수입자의 과업과 지불
- 언제 책임이 이전되는가?

이는 법적 의무는 아니고, 선적 계약을 할 때 표준으로 사용되는 기준이다.

예) CIF Inchon, Korea, Incoterms 2010

인코텀에 따른 구매자/판매자의 책임

인코텀 조건에 따라 수출 포장, 수출 통관, 내국 운송, 포워더 수수료, 배에의 선적, 해운/항공료, 화물 보험, 세금과 통관, 목적지에의 배달 등 사항의 책임소재가 달라진다.

인코텀에서 정하는 기준에는 다음과 같은 것들이 있다.

1) 모든 수송 모드에 적용되는 조건

- Ex works(EXW): 매수인은 매도인의 장소에서 상품을 넘겨 주고 매수인이 운임부터 모든 위험을 부담함
- Free Carrier(FCA): 매도인은 주된 운송수단까지 배달하고 매수인이 선적한다.
- Carriage Paid To(CPT): 매도인은 주된 운송수단을 선

택하고 운임을 지불함
- Carriage and Insurance Paid To(CIP): 매도인은 주된 운송수단과 보험료를 지불함
- Delivered at Terminal(DAT): 매도인은 상품을 터미널까지 배달함
- Delivered at Place(DAP): 매도인은 상품을 배달하고, 매수인은 상품이 하역될 수 있는지 확인한 후 수취함
- Delivered Duty Paid(DDP): 매도인은 수입세를 포함한 모든 비용을 부담함

2) 해상 및 내륙 운하 수송 시 적용되는 조건
- Free Alongside Ship(FAS): 구매자는 화물을 배에 싣는 비용부터 부담함
- Free on Board(FOB): 매도인은 상품을 주된 운송선에 적재할 때까지 책임을 짐
- Cost and Freight(CFR): 매도인은 주된 운송선의 선택과 운임을 부담함
- Cost, Insurance and Freight(CIF): 매도인은 주된 운송선의 운임과 보험료를 부담함

지불 방법

국제간 교역에는 다양한 지불 방식이 있다. 수출업자의 입장에서 위험이 가장 적은 순으로 지불 방법을 열거하면 다음과 같다.
- 선불 방식 - 미리 선불을 받고 수출함

- 신용장(Letter of Credit: L/C) 방식 – 수입업자의 은행에서 신용장을 개설하여 지불을 보증함
- 환어음 방식 – 수입업자가 은행에 지불 어음을 날인함
- 청산결제 방식(open account) - 무역거래에서, 상품은 계속 선적하고 대금은 일정 기간에 한 번씩 누적된 것을 결제하는 방식이다.

신용장 절차

신용장은 무역 거래에서 대표적인 지불 수단이 되어 있다. 신용장의 발급과 지불 절차는 다음과 같다.

1) L/C 를 발급한다 - 수입업자는 은행에서 L/C 를 발급받는다. 이는 은행이 그 수입업자가 대금을 지불할 능력이 있음을 보증하는 것이다.
2) 은행 간 확인: 수입업자의 은행은 수출업자의 은행에 L/C 가 개설되었음을 알려서 판매자의 청구서에 대하여 지정된 날짜의 환율을 명기한다.
3) 판매자 선적: 판매자는 물건을 선적한다. 운송업자는 선하증권을 판매자의 은행에 보낸다.
4) 판매자 은행에 서류접수: 판매자는 구매 대금 청구서를 은행에 제시한다.
5) 은행간 결제: 판매자의 은행은 구매자의 은행에 대금을 청구하고, 구매자의 은행은 소유권을 갖는다
6) 수입업자 은행 화물도착 대기: 구매자의 은행은 화물이 도착되기를 기다린다

7) 수입업자 도착확인: 구매자는 상품을 받고 모든 지불이 이루어진다.

지불 통화에 관한 고려사항

무역 거래의 지불은 수출업자의 통화 또는 수입업자의 통화가 될 수 있고, 제 3국의 통화로 지정할 수도 있다. 지불 통화에 관하여 환전 가능성과 변동 위험을 고려해야 한다. 일부 개발도상국의 통화는 환전이 즉시 이루어지지 못할 수 있다. 어느 한 당사자 국가의 통화로 지불하기로 결정되면 상대편 당사자는 거래 위험에 노출되는 셈이다. 위험에 노출된 당사자는 환율 위험을 회피하기 위해서 선도거래나 금융시장 헷징을 할 수 있다.

자유무역지구

자유무역지구(free/foreign trade zones: FTZ)를 두는 목적은 해외의 투자자나 수출업자에게 세금을 유예해 주어 투자유치를 하는 것이다. 자유무역지구에서 다시 해외로 수출이 되는 경우에는 세금이 면제된다. FTZ를 이용할 때의 이점은 다음과 같다.

- 재수출되는 경우 세금, 쿼터 제한이 없다.
- 자국에서 물건이 팔릴 때까지는 세금 납부를 지연시킬 수 있다.
- 물류기능 수행 – 재조립, 가공, 재포장, 보관, 시험, 수리 등 물류 기능을 수행한다.

제 12 장 네트워크 디자인

학습목표

1. 네트워크 설계 프로세스의 단계를 설명할 수 있다.
2. 총원가 개념, 전략과 고객요구 개념, 네트워크 설계의 기법을 설명할 수 있다.
3. 시설 입지 의사결정의 주요 내용을 설명할 수 있다.
4. 네트워크 설계의 도구로서 모델링 기법들의 개요를 설명할 수 있다.

시설 계획과 네트워크 설계

로지스틱스 경쟁력을 강화하기 원하는 기업이라면 주기적으로 자사의 공급망 네트워크를 재평가해 보아야 한다. 고객은 지속적으로 서비스에 대한 기대치가 높아지고 있는 것이 재평가의 주된 이유이지만, 자사의 성장이나 구조 변화에 의해 이전의 네트워크가 적합하지 않게 되는 문제에도 대비해야 한다.

네트워크 설계 프로세스

로지스틱스 네트워크는 공급망 에셜론을 몇 단계로 할 것인가, 물류 센터는 어디에 두며, 재고 보유의 위치는 어디에 둘 것인가, 시설의 위치와 규모를 어떻게 할 것인가 등을 결정하는 것이다. 이를 위한 설계 프로세스는 분석과 피드백을 포함하는 반복적인 과정이지만 대체로 다음과 같은 단계를 따른다.

1) 설계 단계를 회사 실정에 맞게 결정

로지스틱스 네트워크 설계는 일종의 구조 혁신을 위한 프로젝트이므로 회사 실정에 맞게 프로젝트 팀을 구성해야 한다. 팀은 생산 및 물류 부서, 프로젝트의 챔피언 역할을 할 상위 경영자, 그리고 공급망 내의 제3자 물류회사 또는 주요 고객까지 참여할 수 있다.

이런 종류의 혁신 프로젝트는 일단 실행하려면 많은 자원이 투입되어야 하고, 자금의 투자가 발생하므로, 팀은 우선 프로젝트의 목표와 프로젝트의 범위를 명확히 하고 경영진의 승인을 얻어야 한다. 프로젝트 정의에는 다음 사항들이 포함된다.

- 프로젝트의 범위, 최종 결과물 이미지와 프로젝트 목표
- 인풋, 도구와 기술, 산출물에 대한 정의

2)변화의 필요 파악

네트워크를 변경해야 할 필요는 다양하다. 예를 들어 경쟁력 상의 이점을 얻기 위해, 원가 절감을 위해, 고객의 니드 변화, 고객의 인구통계적 변화, 공급 시장의 변화, 생산 프로세스 변화, M&A, 투자 철수 등의 필요를 들 수 있다.

3)현 네트워크의 조사

왜 변화가 필요한지 명확하게 정리가 되었다면 프로젝트 팀은 현 시스템에 대한 분석을 통해 현재 상태(As-is)를 조사해야 한다. 분석의 단계는 다음과 같다.

1) 데이터 수집
2) 현 네트워크 맵(map) 작성
3) 네트워크의 주요활동 기술
4) 벤치마킹
5) gap 확인 - 전략과 현재의 능력 간의 차이
6) 전술적 계획 입안 - 예:"어떤 D/C를 추가하고, 어떤 활동들을 강화해야 할 것인가?"

위 둘째 단계인 현 네트워크의 맵 작성에 포함되는 활동은 다음과 같다.

- 현행 로지스틱스 프로세스를 완전하게 도해
- 현재 서비스의 수준과 서비스의 형태, 총체적인 레이아웃
- 노드와 링크 명칭, 거리, 원가 정보

4)네트워크 대안 평가

새로운 네트워크 대안을 수립하기 위해서 최적해, 시뮬레이션, 휴리스틱 방법 등 다양한 모델링 기법이 이용될 수 있다.

5) 입지를 결정하고 시설을 계획한다.

입지 결정을 위한 정량적, 정성적 분석을 통해 시설계획을 확정한다.

6)새로운 네트워크의 상태(to-be)를 결정한다.

- 의사결정자에 의해 제3자 계약을 포함한 최종안을 검토하고 승인한다.

7)실행계획 입안

실행계획에는 새 설비의 구입, 기존 설비의 수정 등 세부 프로젝트 수립, 각 프로젝트에 대한 자금과 일정, 순서 결정 등이 포함된다.

수송 요구와 네트워크 규모

운송비는 물류원가 중 우선적인 동인으로서 DC 수 등 네트워크의 전반적 크기를 결정하도록 하는 주요 고려사항이다. 사업전략으로부터 네트워크 설계는 "사업전략 → 요구되는 서비스 수준(예: 90%의 고객이 오더 접수 후 72시간 이내, 재고 충족률 94%) → 그 서비스 수준을 달성하는 비용 평가 → 매출 이익 수준과 비교"의 흐름을 따른다. 여기서 요구되는 서비스 수준에 따라 "창고는 시장(고객)에서 어떤 위치에 있어야 하는가? 창고가 유지해야 하는 안전재고 수준은?"와 같은 질문을 할 수 있게 되고, 이것이 네트워크의 규모를 수량화 하는 출발점이 된다. 적정한 규모를 결정하기 위하여 요인을 한 단위씩 조정하면서 민감도 분석(sensitivity analysis)을 실시할 수 있다.

경제적 원가 맵

요구되는 서비스수준(예, 리드타임 72시간 내 94%의 충족률)에 대해 소요되는 원가를 분석하려면, 이 수준의 서비스를 위해 D/C가 얼마나 떨어져 있어야 하는가를 결정해야 한다. 그 다음에 전체적인 수송비 파악이 가능하다.
경제적 원가 맵(economic cost map)은 주어진 창고의 위치를 바탕으로 SKU 한 단위에 대한 각 창고를 중심으로 하는 수송비를 등고선과 같이 표시한 것이다. 여기에는 '평균적인 고객'과 '평균적인 오더' 등 여러 전제가 깔려 있다.

민감도 분석

민감도 분석(sensitivity analysis)은 일종의 한계비용 분석으로, 한 단위를 추가하는 데 부가가치가 얼마나 발생하는지를 표시하는 것이다. D/C를 하나 추가할 경우 요구되는 안전재고는 다음 식과 같이 결정된다.

이전 안전재고 수준에 대한 총 안전재고 수준 =
(증가된 DC수의 제곱근) / (증가되기 전 DC수의 제곱근)

이 비용 요소와 대비하여 서비스 증가의 효과가 어떻게 움직이는지 분석해 보기 위해, 위 경제적 원가 맵에 의해 DC 수를 하나씩 증가시킴에 따라 "비용(안전재고의 증가) : 'n 일' 만에 오더를 충족하는 비율(오더 충족률)"을 수량화해 볼 수 있다.

DC증가에 따른 총 비용 분석은 DC의 고정비(자본비용 포함), 정보 시스템비, 재고유지비, 지역 배송비, 주 운송비, 고객 상실에 따른 비용 등을 합쳐서 총 비용을 추정하는 방식으로 이루어진다. DC의 수를 한 단위씩 증가시켜가면서 총 비용을 산출해 보면, 총비용을 최소화 하는 DC 수의 개략적인 수준을 추정할 수 있다.

운송 요구의 분석

운송 요구량을 분석하기 위해서는 다음과 같은 순서로 운송비용 예측치를 산출할 수 있다.

- 제품집단에 대한 수요예측(MRP로부터)
- 오더 당 평균수량, 오더 횟수
- 기간 당 평균 출하 횟수
- 평균적 DC에서 고객중심까지의 거리
- 운송원가 예측치 산출

트레이드 오프 분석

예를 들어, DC를 3개에서 5개로 증가시킬 때, DC비용, 재고유지비, 주 운송비는 증가할 것이지만 로컬 배송비는 큰 폭으로 감소한다. 이런 트레이드 오프를 분석함으로써 최적의 DC수에 대한 결론을 내릴 수 있다.

통합 DC의 추가

DC가 한 지역에 몇 개 있는 경우, 더 많은 만차적재(TL)를 만들기 위해 통합 DC를 두고 화물의 분해와 통합 운송을 할 수 있다. 통합을 위해 DC를 늘리는 것인지의 타당성은 다음과 같이 통합 DC의 유무에 따른 비용을 산출하여 분석할 수 있다.

통합 DC를 둘 때의 비용 =
(평균 TL 운송비 + 운송 당 DC비용 + 운송 당 배송비용) × TL 횟수

통합 DC 없이 각 DC로 물건을 보낼 때의 비용 =
(LTL 운송 당 처리비용 + LTL 운송비) × LTL횟수

위 두 비용을 비교하여 통합 DC의 타당성 여부를 결정할 수 있다.

재고 위치, 수준, 오더 크기와 빈도

재고수준은 DC의 수와 직접적인 관계가 있고, 추가적으로 DC별 오더 크기, 안전재고, 그리고 운송 중 재고도 재고수준에 영향을 준다.

평균 총괄재고 = Summation of (오더 수량 / 2) + 안전재고 + 운송 중 재고

DC들이 추가될 때, 기본 재고수준은 생산과 수송 로트 사이즈에 의해 결정되므로 별 영향을 받지 않으며, DC 당 안전재고는 체감(遞減)한다. 운송 중 재고도 떨어진다.

아웃바운드 측면에서는 DC가 증가할 때 오더 사이클타임, 운송 중 재고가 감소한다. 반면에 인바운드 측면에서는 DC가 증가할 때 오더 사이클타임, 운송 중 재고가 증가한다.

창고 수

창고 수를 많이 유지하면, 비용은 증가하나 경쟁우위는 향상된다. 따라서 기업은 고객, 비즈니스 모델, 원가를 종합적으로 고려하여 의사결정을 해야 한다.

창고 수를 증가시킬 때의 비용 변화는 다음과 같다.

- 안전재고가 커지므로 재고 비용 증가
- 목적지가 많아지므로 인바운드 운송비 증가
- 시설운영 및 정보관리 시스템 등의 복잡성이 증가하므로 운영비 증가
- 더 빠른 대응, 고객 요구에 시간 내에 맞출 확률이 향상하므로 고객 만족도 향상

시설 입지와 형태

시설 배치 고려사항

생산시설을 공급자에 가깝게 두느냐 소비자에 가깝게 두느냐를 고려할 때 그 제품의 성격이 생산 공정이 진척하는 데 따라 무

게가 감소하는지(weight-losing, 예: 설탕), 무게가 증가하는지(weight-gaining, 예:콜라) 보는 것이다. 무게가 감소하는 제품은 생산시설을 공급자에 가까운 위치에 두어야 하고, 무게가 증가하는 제품은 소비자에 가깝게 두어야 수송비를 절감할 수 있다. 평균적 서비스수준에 대한 운송 리드타임 또는 사이클 타임을, DC 수를 1개, 2개 …로 증가할 경우에 대해 매핑(mapping)할 수 있다. 최적의 DC 수가 결정된 후 시설의 입지를 결정하기 위해서는 인구통계의 변화, 노동력(운송, 창고 원가의 중요한 부분이 인건비임), 지역 별 노동력의 나이 대, 노동력의 임금 및 임금 인상률, 품질, 소비자, 세금, 운영 비용과 인프라스트럭춰, 인센티브 등을 종합하여 최적 입지를 선정한다.

입지 결정요소

입지를 결정하는 핵심 사항은 회사의 경쟁전략에 의한 응답성, 기민성, 원가우위 등에 대한 요구이다. 이들 요소에 입지는 큰 영향을 미친다. 입지 의사결정에서 고려해야 할 변수들은 다음과 같다.

- 국가/지역 차원
  국가 차원: 세금과 관세에서 이점, 환률, 인프라스트럭춰의 우위, 문화적, 규제 문제 등에서 차이를 고려함
  지역 차원: 고객, 공급자와의 거리, 지가 문제, 노동력 시장의 차이를 고려함
- 로컬 차원: 입지 규제, 고속도로 접근성, 대규모 고객/공급자, 알맞은 면적과 가격의 땅, 소음공해 규제 등을

고려함

시설 형태의 결정

DC들 중 어디에 분해(break-bulk), 통합(consolidation), 오더충족(fulfillment) 창고를 두어야 할 것인지 등 시설의 형태를 결정해야 한다. 창고의 형태는 공장 또는 공급자 중 어느 쪽에 위치한 창고인지에 따라, 그리고 원재료, 반제품, 완제품 등 제품 유형에 따라 달라진다.

물류 특성에 따라 분해(break-bulk), 통합(consolidation), 오더충족(fulfillment) 창고 대신에 크로스도킹(cross-docking) 센터를 고려해야 하는데, 대체로 소매점에 재 공급하는 경우는 직접 충족(direct fulfillment) 방식보다 크로스도킹 방식이 더 적합하다. 단, 크로스도킹이 운영되려면 정확하게 수송 타이밍을 맞출 수 있는 정보시스템의 지원 하에 커뮤니케이션이 가능하도록 자동화 시스템이 정비되어야 한다.

유통전략과 시설형태

제조업자로부터 최종고객(소매상)까지 가는 공급체인을 출하부문(outbound)이라 한다. 여기에는 다음과 같은 유통전략이 활용된다.

- 직접선적(direct shipment)
- 크로스도킹(cross-docking)
- 공동배송과 통합배송
- 수송 중 머지(merge-in-transit)

- 판매대리점 모델(sales agent model)

크로스도킹

크로스도킹(cross-docking)은 DC로 입고되는 제품을 창고에 저장하는 단계를 생략하고 DC 도크에서 필요한 곳으로 바로 출하시키는 방법이다. 즉, 입고 트럭이 도착하여 적재한 제품을 내려놓으면 이 제품들을 도크를 통과하여 반대편에 위치한 출고 트럭으로 적재 시키고 각각의 목적지로 출하되도록 한다.
한 대의 트럭이라도 도착이 지연되면 크로스도킹이 멈춰지고 기회 손실 비용이 발생하므로 이를 방지하기 위해서는 통합 정보 시스템이 구축되어야 한다.

수송 중 머지(merge-in-transit)

머지 센터(merge center)를 이용하여 고객으로의 수송 거리를 최소화할 수 있다. 예를 들어 PC의 경우 모니터와 본체를 모두 공장에서 조립하지 않고, 공장에서는 본체만 조립하고 모니터는 고객에 가까운 입지의 머지 센터로 보내어 최종 조립을 한다.

공동배송과 통합배송

공급체인에서 어떤 즉각적인 수요를 충족시키기 위해서 동일 수준에 있는 다른 시설들 간에 제품을 공동으로 선적, 배송하는 것을 말한다. 소매상이 다른 소매상의 재고를 이용하여 고객의 수요를 충족시킬 수 있는 협력 구조에서 성립한다. 선결조건으로서는 타 소매업자의 재고 정보를 서로 공유하고, 소매업자 간에 신속히 배송할 수 있는 운송 수단이 있어야 한다.

판매 대리점 모델

고객이 대리점의 물건을 보고 주문을 하면 대리점은 지역물류센터에 배송 오더를 보낸다. 지역물류센터에서는 통합 재고관리를 하고, 지역물류센터에서 고객으로 직배송을 함으로써 각 대리점에 많은 재고를 보유할 필요가 없게 하는 것이다.

모델링 방법

모델이란 인풋 자료를 주면 수학적인 산식 등 프로세스를 거쳐 찾고자 하는 아웃풋을 내 주는 도구이다. 모델에는 휴리스틱(heuristics) 모델, 최적해 모델, 시뮬레이션 모델 등이 있다.

휴리스틱 방법

휴리스틱은 최적해보다는 경험이나 직관에 의해 실험을 거쳐 결과를 얻는 방법이다. 정확한 해보다는 신속하고 쉽게 계산되는 장점을 취하며, 가능한 해들 중에서 타당한 것들을 가려내기 위해서도 사용된다.
예) "수 많은 후보 중에서 여러 공급자 및 핵심 시장과 10 km를 넘지 않고, 동시에 고속도로와 철도에 근접한 입지"

손익분기점 분석

주로 비용-매출액(cost-volume, CV)에 대해 손익분기점을 찾는 분석으로서 다양한 입지의 고정비와 변동비를 비교한다. 예) DC

에서 출고되는 물량이 얼마나 되어야 고정비를 정당화하는지 계산함

'평균적 제품' 개념을 상정하여 손익분기점 분석을 할 수 있다. CV 분석의 기본 식은 다음과 같다.

총 비용 = 고정비 + (단위 당 변동비 × 판매량)

무게중심 구하기

시장에서 수송비가 제일 적게 드는 DC의 위치를 선정하기 위해 출하량을 가중평균하여 무게중심이 되는 x-좌표와 y-좌표를 산출한다.

최적화 모델

최적화 모델은 주어진 제약조건 하에서 목적함수의 최적 값을 구하는 데 쓰이는 수학적 모델이다. 로지스틱스에서 최적화 모델은 다음과 같은 분야의 의사결정에 쓰인다.

- 창고, 공급자, 공장, 제품 라인의 수 등을 결정할 때
- 특정 공급자를 특정 DC와 공장, 고객에 연계시키는 결정 등
- 소유와 리스, 자작과 구입, 지연생산(Postponement) 의사결정

JDA, Logility, Logistix 등 최적해 시스템은 자체 DB에 지도, 업체 정보 등이 내장되어 있어서 데이터 수집과 입력해야 할 데이터 양을 대폭 줄일 수 있다.

시뮬레이션 모델

시뮬레이션 모델은 시스템의 실제 성과 상 나타날 수 있는 다양한 조건을 재현하여 이를 가상의 데이터로 표현하는 방법이다. 민감도 분석, 시나리오 분석에 시뮬레이션 모델을 이용할 수 있다.

- 몬테 칼로 시뮬레이션(Monte Carlo Simulation) – 최소치, 최대치 파라메터를 입력하여 수많은 시행을 통해 통계적 결과를 얻는다.
- What-if 분석 - 네트워크의 혼란, 합병, 신제품 소개, 생산능력의 변화, 운송 정책의 변화, 환률 변동의 영향에 대한 공급과 수요의 위험을 더 잘 이해할 수 있도록 하는 데에 what-if 분석을 이용할 수 있다.

제 13 장 역물류와 지속가능성

학습 목표

1. 물류에 있어서 역물류의 필요성을 설명할 수 있다.
2. 반품 정책에 관해 설명할 수 있다.
3. 로지스틱스에 있어서의 사회적책임과 지속가능성의 이슈가 무엇인지 설명할 수 있다.

역물류 개요

역물류의 의의

역물류(reverse logistics)란 반품, 수리, 재작업, 또는 리사이클링을 위해 제품이나 자재가 역으로 흐르는 물류를 말한다. 일반적으로 제조업체 매출액의 10 퍼센트 내외가 반품된다. 그럼에도 불구하고 아직도 역물류를 설계에 반영하고 있는 기업은 절반 정도에 불과하다. 역물류는 비단 최종 소비자가 반품을 하는 경우뿐 아니라 소매업자나 유통업자가 판매하고 남은 물건을 반품하는 경우를 포함한다. 이렇게 반품할 수 있는 거래조건이라면 이는 일종의 위탁판매 방식으로 운영되는 경우에 해당한다.

역물류의 이유들

역물류의 필요성과 역물류가 발생하는 원인은 다음과 같다.

- 리콜(recalls) – 정부의 규제와 의무조항에 따라 제품 결함이나 잠재적인 위해가 예상될 때 일어남
- 과다재고(overstodks) - 소매상으로부터 수요 요구량보다 과다 보유하게 된 재고를 반품하는 경우
- 진부화 제품(obsolete products) – 제품 수명주기 상 진부화된 제품이 반품되는 경우로서. 제조업체는 이런 제품을 저개발국에 수출로 판로를 찾을 수 있음
- 포장문제(packaging) - 제품 포장의 인쇄가 내용물과 다른 경우 등

반품에 관한 정책

회사는 언제 어떤 경우에 반품을 허용할 것인지 정책을 세워 두어야 한다. 그리고 반품정책에 대해 모든 고객에 커뮤니케이션이 되어야 한다. 어떤 업체는 반품을 매우 제한하고, 반품 대신에 할인을 제시하며, 파손의 경우에만 반품을 허용하는 수도 있다. 반면에 어떤 업체는 마케팅 관점에서 반품을 자유스럽게 허용하기도 한다. 반품 물류의 비용을 통제하기 위해 B2B 사업의 경우의 반품에서는 lot-size 반품정책이 필요하다.

어떤 회사는 고객이 반품하려면 게이트키퍼(gatekeeper)라는 고객서비스담당자와 직접 통화를 거쳐야만 하는 것으로 정책을 정했는데, 반품을 접수하기 전에 고객과의 통화로 장비를 설치하는 방법 등을 안내함으로써 반품률을 낮출 수 있었다. 반품정책에는 반품 비용을 누가 지불할 것인지를 포함하여 보증 조건이 고려되어야 한다.

반품의 베스트프랙티스 예

- 소매자는 반품 운송비용을 제조회사에 대한 미 지급비용에서 차감함
- 제조회사는 매출계약 조건에 맞지 않는 반품은 허용하지 않음
- 불량과 리콜의 경우 제조업자가 운임을 부담함
- 시장 선도 제조회사 중에는 물자 핸들링 비용이나 화물통합에 들어가는 비용을 지급하지 않는 경우도 있음
- 청산업자는 스스로 수송비를 부담하거나 제3자 물류비용을 부담하는 사업모델을 운영하기도 함

자작 또는 외주

자작이냐 외주냐의 의사결정을 위한 핵심적인 사항은 다음과 같은 자원이 가용한지 여부이다.

- 공간
- 자원
- 훈련된 인력

또한 회사의 장기적인 경쟁력을 위해 핵심역량을 키울 필요가 있다. 역물류 능력을 핵심역량으로 육성하면 다음과 같은 경쟁력 증진의 효과를 기대할 수 있다.

- 고객으로부터 반품이 자유스러운 기업이라는 평판을 얻음으로써 경쟁우위를 증진함
- 역물류 활동으로부터 수익 획득

- 리사이클, 재사용에 대한 수요 증대

반품된 품목의 처리

반품된 제품은 다음과 같이 다양한 방법으로 처리될 수 있는데, 역물류 단계에서 반품처리 선택안과 최적으로 일치시킴으로써 잠재적인 가치를 회수할 수 있다.

- 재고에 되돌림
- 제조업자에 반품함
- 청산처리(liquidate)
- 사회복지 기관 등에 기부
- 리사이클링
- 파괴

역물류 원가

역물류 원가를 계산하여 반품에 따르는 총 비용을 산정하기 위해서는 다음과 같은 계산 방법이 이용된다.

- 활동기반 원가(activity-based costing) – 반품에 따르는 프로세스의 1)간접비 원가(작업자, 보관장소) 2)모든 프로세스 원가(운송, 재고유지, 물자핸들링, 포장, 사무처리)를 산출함
- 전방 흐름분석과 핸들링 비용 합산 – 과거의 실적 데이터를 이용하여 역물류를 위한 포장, 분류, 운송 등의 원가를 산출함
- 산식에 의한 계산: 수익(처분수익, 판매증가, 감세 효과)

- 비용(반품제품의 원가, 프로세싱 비용, 운송비) = 역물류의 총 원가

사회적 책임과 지속가능성

최고경영자는 윤리적으로 행동하고 지역사회의 발전을 위해 기여할 것을 천명해야 한다. 이는 작업자의 생활의 품질(quality of life)에도 기여하게 된다.

사회적 책임의 차원

물류에 있어서 사회적책임의 차원은 "환경/안전/인적 권리/다양성/자선/윤리"의 6 가지로 구분된다.

- 환경 - 수송수단의 연료 효율 향상에 의한 이산화탄소 감소 등
- 안전 - 작업자의 안전
- 인적 권리 - 종업원에 대한 차별 금지와 존중
- 다양성 - 로지스틱스 파트너, 참여자의 다양성 존중
- 자선 - 반품된 물품을 자선에 사용함
- 윤리 - 윤리적인 행동 수칙의 준수

조직의 3대 핵심 영역

조직의 3 대 핵심 영역은 주주가치뿐 아니라 사회적 가치를 동시에 증진하기 위해 조직의 주요 책임 영역을 정한 것으로 경제적/사회적/환경적 영역의 영향을 측정하려는 접근이다.

- 사회 영역 - 인적권리, 노동관행, 어린이 노동금지, 삼림보호
- 경제 영역 - 기술, 환경친화적, 폐기물 줄이기
- 환경 영역 - 환경적 관점, 위험물, 독극물, ISO14000

UN 글로벌 콤팩트

UN은 기업의 사회적 책임(CSR)에 대한 자발적 국제협약으로서 UN 글로벌 콤팩트(UN Global Compact)를 제시하고 있다. 이는 기업들에게 환경, 노동, 인권, 반부패의 4개 분야에 대해 10대 원칙을 준수할 것과, 그리고 그것들과 관련된 연차 보고서의 제출을 권유하는 내용을 담고 있다.

〈 유엔글로벌콤팩트 10대 원칙 〉

① 인권(human rights)

원칙 1 : 기업은 국제적으로 선언된 인권 보호를 지지하고 존중해야 한다.

원칙 2 : 기업은 인권 침해에 연루되지 않도록 적극 노력한다.

② 노동규칙(labour standards)

원칙 3 : 기업은 결사의 자유와 단체교섭권의 실질적인 인정을 지지하고,

원칙 4 : 모든 형태의 강제노동을 배제하며,

원칙 5 : 아동노동을 효율적으로 철폐하고,

원칙 6 : 고용 및 업무에서 차별을 철폐한다.

③ 환경(environment)

원칙 7 : 기업은 환경문제에 대한 예방적 접근을 지지하고,

원칙 8 : 환경적 책임을 증진하는 조치를 수행하며,

원칙 9 : 환경친화적 기술의 개발과 확산을 촉진한다.

④ 반부패(anti-Corruption)

원칙 10 : 기업은 부당취득 및 뇌물 등을 포함하는 모든 형태의 부패에 반대한다.

글로벌 보고 가이드라인

지속성 보고는 공급체인관리의 중요한 수단으로 발전했다. 유엔 글로벌콤팩트는 다음과 같은 내용을 보고하는 지속성 보고 가이드라인(global reporting initiative: GRI)을 정했다.

- 공급체인 참여자의 자발적인 보고 가이드라인을 정함
- 경제, 환경, 사회적 영향을 보고
- 공급자로 하여금 공급체인 멤버의 능력향상, 지속성에 대한 몰입, 위험관리, 지속성 정보의 공유 같은 영역의 성과 향상을 할 수 있게 함

GRI는 다음 두 가지 표준으로 구성되어 있다.

- 보고 원칙과 표준 공개 내용 - 무엇을 보고할 것인가?
- 실행매뉴얼(implementation manual) - 어떻게 보고할 것인가?

사회적 책임에 관한 ISO 표준

ISO 표준은 160 여 국가가 참여하여 19,000여 개의 표준과 각종 인증절차를 유지하고 있는 비 정부 기관 조직으로서 법적인 의무는 없고 자발적인 참여를 독려하는 표준이다. ISO 표준을 따름으로써 얻을 수 있는 이점은 다음과 같다.

- 효율, 생산성, 이익 증진
- 공정한 교역을 이행할 수 있음을 인정 받음
- 환경에의 영향을 줄임
- 업계 베스트프랙티스로 인정 받음

ISO 14000 Series 표준

ISO 14001:2015는 는 환경관리에 관한 표준으로서, 환경 정책, 계획, 그리고 활동들에 대한 전략적, 총체적 접근의 틀을 제공한다.

ISO 50001

ISO 50001은 에너지관리시스템에 대한 설계, 실행 및 유지보수에 관한 요구조건을 제시한다.

ISO 50001은 다음과 같은 7 가지의 요소로 구성되어 있다.

- 일반 요구사항
- 관리자 책임
- 에너지 정책
- 에너지 행동계획
- 실행과 운영

- 성과측정
- 경영자 검토

지속가능성

공급체인의 지속성을 위한 이슈로서 다음과 같이 이산화탄소 배출을 줄이는 과제와 물류 프로세스 상 그린 이니셔티브를 추구하는 과제를 추구한다.

- 이산화탄소 풋프린트(carbon footprints) – 이산화탄소를 얼마나 배출하나 측정
- 이산화탄소 오프세트(carbon offsets) – 배출된 이산화탄소에 대응하여 대신 다른 곳에서 환경 영향요인을 줄임. 예: 자금을 지원하거나 산림을 보호하는 등의 활동을 지원
- 그린 이니셔티브(green initiatives) – 제품, 포장, 창고, 물자처리, 운송, 연료 소비 면에서 그린 이니셔티브를 추구함

참고문헌

Blanchard, David, Supply chain management: best practices, Hoboken, N.J. : John & Wiley, c2007.

David J. Bloomberg, Stephen LeMay, Joe B. Hanna, Logistics, Upper Saddle River, N.J. : Prentice Hall, c2002.

Donald J. Bowersox, David J. Closs, M. Bixby Cooper, Supply chain logistics management, Boston, Mass. : McGraw-Hill/Irwin, c2007.

Frazelle, Edward, Supply chain strategy : the logistics of supply chain management, New York : McGraw-Hill, 2002.

Mangan, John, Global logistics and supply chain management, Hoboken : Wiley, 2016.

Shapiro, Jeremy F., Modeling the supply chain, Pacific Grove, Calif. : Duxbury Thomson Learning, 2001.

Taylor, G. Don, Logistics engineering handbook, Boca Raton : CRC Press, c2008.

김선구, 컨테이너터미널 물류시스템의 평가와 개선에 관한 연구, 순천향대학교 대학원 물류학과 2014. 8

박철순 외, 비즈니스 규칙 기반의 3자 물류 운영 지원, 산업경영시스템학회지 제40권 제2호, 2017, 137~144.

유아사 가즈오 지음, 노경아 옮김, 물류 & 로지스틱스 , 새로운제안, 2011

유창권, 강창백, Smart 물류, 서울 : 형설출판사, 2012.

이정호, 공급사슬네트워크에서 구매-로지스틱스의 전략적 통합에 관한 연구 -공유의 개념화, 통합의 선행요인, 그리고 성과에 대한 함의, 2015, 물류학회지, Vol.25 No.5.

조수연 외, 고객할당과 차량경로를 고려한 로지스틱스 네트워크 설계, 한국경영과학회 2012년 춘계공동학술대회 논문집, 2012.5, 2709-2720.

추창엽, 홍영준, 물류의 이해, 서울 : 두남, 2012.

홍승린, 박호신 , 물류개론, 서울 : 두남, 2012.

황인수 , 로지스틱스 산업의 합리화와 국내기업들의 제3자 로지스틱스에 관한 연구, 로지스틱스연구, 1998. Vol.6 No.1

저자약력

서울대 사범대학(이학사), 경북대(경영학 석사),
아주대 대학원(경영학 박사), 미 Indiana University 교환교수
LG정보통신/LG-EDS/LG인화원(그룹 연수원)/LG생산기술원 근무
현, 숭실사이버대학교 경영학과 교수

물류/로지스틱스 에센스

2017년 12월 31일 초판 1쇄 발행
저 자 **문 근 찬**
발행인 **김 준 호**
발행처 **한티미디어**
주소: 서울 마포구 연남로1길 67(연남동) (우:03991)
신동아노블타워 828호
전화: 02-332-7993~4 **팩스**: 02-332-7995
정가 15,000원 **ISBN** 9788964213186 93000